Kletterführer Odenwald

Herausgegeben von der
AG Klettern & Naturschutz
im Odenwald e.V.

Autor: Jo Fischer

ISBN 3-926807-65-2

Kletterführer Odenwald

Herausgegeben von der
AG Klettern & Naturschutz
im Odenwald e.V.

Autor: Jo Fischer

Titelbild:	Max Fertel in Siddhartha (Hainstadt), Photo: C. Deinet
Bildnachweis:	Christoph Deinet (S. 137), Jo Fischer (S. 29, 61, 129), Christian Harang (S. 135, S. 141), Helmut Huber (S. 11, 19, 27), Sascha Müller (S. 155), Tilman Schwertner (S. 87)
Autor:	Jo Fischer
Redaktion:	Peter Ripplinger
Layout und Gestaltung:	Johanna Widmaier
Cartoons:	Georg Blitz, Achim Pasold

3½. Auflage 2002
ISBN 3-926807-65-2

© by Alpinverlag
Golterstrasse 12
D-73257 Köngen
Tel. (0 70 24) 8 27 80
Fax. (0 70 24) 8 43 77

printed Steinmeier
Druckerei & Verlag
Reutheweg 29-31
D-86720 Nördlingen
Tel. (0 90 81) 29 64 0
Fax.(0 90 81) 29 64 29
www.steinmeier.net

Die Beschreibung aller Wege und Routen erfolgte nach bestem Wissen und Gewissen. Der Autor, der Verlag oder sonstige am Führer beteiligte Personen übernehmen jedoch für ihre Angaben keine Gewähr. Die Benutzung des vorliegenden Führers geschieht auf eigene Gefahr.

Inhaltsverzeichnis

Vorwort der AG Klettern und Naturschutz im Odenwald 6
Vorwort zur 2. Auflage 8
Vorwort zur Neuauflage 9
Aufbau des Kletterführers 12
Geologie des Odenwaldes 12
Wichtige Adressen 14
Klettern und Naturschutz 15
Übersicht der Gebiete 16
Hagen, Haken und Handkäs 18
  1. Schriesheim 20
     Lageplan 23
     Korridorlösung im Schriesheimer Bruch 24
     Sektorenübersicht 28
  2. Riesenstein 58
     Lageplan 59
     Sektorenübersicht 60
  3. Ziegelhausen 68
     Lageplan 69
     Ameisenlöwe 76
  4. Stiefelhütte 86
     Lageplan 89
  5. Jakobswand 92
     Lageplan 92
  6. Zwingenberg 96
     Lageplan 96
  7. Hohenstein 100
     Lageplan 102
  8. Borstein 108
     Lageplan 102
  9. Schenkenberg 114
     Lageplan 115
 10. Zindenauer Schlösschen 118
     Lageplan 119
 11. Billerstein 124
 12. Brohmfels 128
     Lageplan 131
     Gebiete um Höchst 134
 13. Silberwald 136
     Lageplan 138
 14. Höchst 148
 15. Hainstadt 154

Neutouren im Odenwald - Extra-Info zur 3$^{1}/_{2}$. Auflage 164

Vorwort der „AG Klettern und Naturschutz im Odenwald"

Nun ist sie endlich da, die langersehnte Neuauflage unseres Kletterführers. Eine wahrlich schwere Geburt – lange lag der Vorstand unserer Arbeitsgemeinschaft in den Wehen, bis nun endlich „unser" Kind das Licht der Welt erblickte. Vorbei sind die Zeiten, in denen illustre Zeitgenossen mit gekonnten Zügen und spitzem Bleistift mal eben einige Topos zu Papier brachten, um uns Kletterern das suchende Herumirren im tiefen (Oden)Wald zu ersparen. In der heutigen Zeit erfreuen sich Kletterführer zunehmender Beliebtheit als Lektüre von Behördenvertretern, Naturschützern und anderen Zeitgenossen, die sich auf diese Weise über die von uns Kletterern (vermeintlich) ausgehende Naturgefährung in Kenntnis setzen wollen. Somit wird ein neuer Kletterführer zum Politikum – und dies begründete unser Zögern und die langen Diskussionen im Vorfeld des Erscheinens dieser Neuauflage.

Seit ihrer Gründung vor 8 Jahren ist die „AG Klettern und Naturschutz im Odenwald" der Ansprechpartner der Naturschutzbehörden. Dabei vertreten wir die Interessen der Kletterer. Alle Sektionen des DAV, deren Mitglieder ein Interesse am Erhalt und am Schutz der Odenwälder Klettergebiete haben, aber auch Vereine wie die „Odenwälder Kletterfreunde" und die Kletterabteilung der „SSG Bensheim" sind Mitglieder unseres Vereins. Zudem bieten wir interessierten Kletterern die Möglichkeit, unserer Arbeitsgemeinschaft als Einzelmitglieder beizutreten und sich so auf direktem Wege zu engagieren.

Unsere Gründung wurde von der drohenden Sperrung des Schriesheimer Steinbruchs initiiert. Bald darauf mußten wir jedoch auch in anderen Bereichen in die Bresche springen: 1991 konnten wir gerade nicht verhindern, daß Ziegelhausen III vollständig gesperrt wurde. Vor allem die AGW (Arbeitsgemeinschaft Wanderfalkenschutz) bemühte sich um eine Totalsperrung – begründet mit einem „potentiellen" Wanderfalkenbrutplatz. In Hessen mußten wir weitere Sperrungen hinnehmen: 1993 ging der Steinbruch bei Zwingenberg uns Kletterern verloren, 1995 wurde im Steinbruch Silberwald das Klettern zum Teil ganz verboten und in dem verbleibenden Wandbereich auf ein halbes Jahr begrenzt. Auch in Höchst verfügte die Gemeinde ein Kletterverbot. Bei den Verhandlungen um diese Gebiete wurden zwar Kletterer „angehört", zustimmen konnten wir diesen Regelungen jedoch zu keinem Zeitpunkt.

Anders verhält es sich mit dem „Flächenbrand", der durch das Biotopschutzgesetz in Baden-Württemberg und aktuell in Hessen ausgelöst wurde. Das Biotopschutzgesetz stellt alle offenen Felsbildungen unter Schutz. In jahrelangen Verhandlungen mit Oberen und Unteren Naturschutzbehörden sowie den Naturschutzverbänden mußten für alle Kletterfelsen Regelungen erarbeitet werden. Hiebei bemühte sich besonders die Obere Naturschutzbehörde des Regierungspräsidiums Karlsruhe um eine ausgewogene Lösung. Die Ergebnisse spiegeln sich in dem vorliegenden Führer nieder: Den Russenstein, ein altehrwürdiger Felsen mit bemoostem Haupt, mußten wir zu Grabe tragen. Ebenso verzichteten wir auf große Teile von Ziegelhausen II – nur der Dachbereich blieb übrig. Andere, nur den Lokals bekannte Gebiete im Stadtkreis Heidelberg sind ebenfalls dem Biotopschutz zum Opfer gefallen. Für die verbleibenden Gebiete wurden differenzierte

Regelungen vereinbart, die bei den jeweiligen Topos nachzulesen sind. So schmerzlich die Gebietsverluste auch sind – letzlich wurden hier tragbare Kompromisse gefunden, so daß wir aktiv diese Regelungen umsetzen.

Auch für den Schriesheimer Steinbruch – das bei weitem bedeutendste Klettergebiet im Odenwald – konnte nach zehnjährigen Verhandlungen im Frühjahr 1998 eine für beide Seiten tragbare Lösung gefunden werden. Differenzierte Zugangsregelungen sowie Ausstiegsverbote für einen Teil der Routen werden die Belastung des nun unter Naturschutz stehenden Gebietes verringern. Um die ausgehandelte „Korridorlösung" publik zu machen, haben wir uns entschlossen, den vorliegenden Führer möglichst schnell zu veröffentlichen. Nun liegt es an uns Kletterern, uns regelgerecht zu verhalten. Nur so können wir sicherstellen, daß von dem in der Verordnung festgeschriebenen Widerrufsrecht seitens der Behörden kein Gebrauch gemacht wird.

In Hessen beschreiten die Behörden bezüglich der Kletterregelungen einen anderen Weg als Baden-Württemberg: In einer landesweiten Kletterkonzeption sollen tragbare Kompromisse gefunden werden, ohne per Gesetz ein „grundsätzliches Kletterverbot" zu verfügen. In diesem Zusammenhang werden auch zur Zeit bestehende Regelungen nochmals überprüft. Daher hegen wir begründete Hoffnungen, daß die Sperrungen von Zwingenberg und Silberwald sowie dem Steinbruch bei Höchst in der nächsten Zeit gelockert, wenn nicht gar aufgehoben werden. Dieser Sachverhalt hat uns bewogen, auch diese zur Zeit gesperrten Felsen mit Topos im Führer darzustellen. Bitte beachtet die derzeitigen Sperrungen und informiert euch bei unserer AG oder vor Ort, ob sich was Neues ergeben hat.

Neben den genannten Gebieten ist in unserem Führer auch ein Topo des ganzjährig gesperrten Teils von Ziegelhausen III zu finden. Nach langen Diskussionen mußten wir zu der Einsicht gelangen, daß diese Sperrung von dem Großteil der Odenwälder Kletterer nicht akzeptiert wird. Auch haben sich die Voraussetzungen aus naturschutzfachlicher Sicht geändert: Der Bestand des Wanderfalken, der immer wieder als wichtiger Grund zur Sperrung bemüht wurde, hat sich seit Erlaß der NSG-Verordnung (1991) prächtig entwickelt. Brüteten 1991 in Baden-Württemberg bereits 160 Paare (mehr als beim Höchststand der Population in diesem Jahrhundert, der 1950 130 Paare betrug), so waren es in dem „Super-Brutjahr 1997" bereits über 250 Paare! Vor diesem Hintergrund müssen unserer Meinung nach Kletterersperrungen, die zum Großteil mit „potentiellen Wanderfalkenbrutplätzen" begründet wurden, neu überdacht werden. Zudem liegt uns eine neue Untersuchung zu Flechten vor, die ebenso ermutigt, uns für eine Änderung der bestehenden Verordnung einzusetzen.

Dies zur „Kletterpolitik" – nun zurück zum üblichen Inhalt eines Vorworts: Eigentlich sollte dieser Führer in echtem Teamwork unserer aktiven Mitsteiter entstehen. Mancher Gebietsbetreuer lieferte auch Topos ab, andere übertrugen die Arbeit lieber unserem Schriftführer Jo Fischer. So wurde nach und nach Jo immer mehr in die Verantwortung genommen, bis er sich entschloß, schließlich als Autor das gesamte Machwerk nochmals zu überarbeiten. Dank seines Engagements ist jetzt schließlich doch alles „aus einem Guß",

und nur so war es uns möglich, den Führer noch in dieser Klettersaison fertigzustellen. Hierfür unseren herzlichen Dank! All die anderen Helfer sind natürlich nicht vergessen – namentlich sind sie auf Seite 9 genannt.
Herzlicher Dank gebührt natürlich auch Johanna Widmaier, die mit großer Geduld die immer wieder anfallenden Korrekturen und Ergänzungen, die auf plötzlichen Eingebungen beruhten, in das Manuskript einarbeitete und Achim Pasold, der als leidgeplagter Verleger von uns bezüglich des Erscheinungstermins über Jahre hin vertröstet wurde.

Neckargemünd, im Juli 1998, Peter Ripplinger

Vorwort zur 2. Auflage

Die 1. Auflage von "Klettern im Odenwald" war innerhalb von 9 Monaten vergriffen. Als sie aus den Regalen war, fiel mir ein Stein vom Herzen. Obwohl seine positiven Seiten bei weitem überwogen hatten, waren wir mit unserem PANICO-Erstling nicht so richtig glücklich gewesen. Neben den Mängeln in der Druckqualität des alpinhistorischen Teils und einiger Layout-Probleme, waren es vor allem inhaltliche Fehler, die mir keine Ruhe ließen. Denn bei Nacherkundungen war mir des öfteren die Schamesröte ins Gesicht gestiegen. Wenn die meisten dieser "Hämmer" aus der jetzt vorliegenden Ausgabe verschwunden sind, so ist das vor allem den zahlreichen Rückmeldungen seitens der Führerbenutzer zu verdanken.
Über die Neutouren in Schriesheim, im Neckartal und an der Stiefelhütte erhielt ich von Sebastian Schwertner aus Heidelberg wichtige Informationen. Alexander Heep überließ mir seine hervorragenden Topos zum von ihm "wiederentdeckten" Riesenstein 2. Über neuste Entwicklungen im östlichen Odenwald hielt mich Dieter Heusel auf dem laufenden. Dank all dieser Hilfe kann ich nun die 2. Auflage des Odenwaldführers, was Form und Inhalt angeht, ruhigen Herzens dem Publikum übergeben.
Allerdings sehe ich den flotten Verkauf unserer Führer nicht mit ungeteilter Freude. Den Anstieg der Besucherzahlen in einigen Gebieten wäre für sich nicht problematisch gewesen. jedoch wurden Fahrverbote mißachtet, Abfälle in die Landschaft geworfen - in einzelnen Fällen schreckten die Gäste nicht einmal vor Kameradendiebstählen zurück. Es wäre für uns alle hilfreich, die hemdsärmeligen Einstellungen zwischen "Freie Fahrt für freie Bürger" und "No Future" gegen eine sensible und achtungsvolle Haltung der Natur und unseren Mitmenschen gegenüber einzutauschen. Wir müssen zur Idee des "sanften Kletterns" hinfinden: "Climb kind, the Diamond lives" steht auf einem Plakat in Colorado. Wir sollten uns so verhalten, daß Pflanzen, Tieren und Menschen durch uns kein Schaden erwächst. Schaffen wir das nicht, muß man denen, die eine Einschränkung des Betretungsrechts für die Natur fordern, ehrlicherweise nur allen Erfolg wünschen. Die Weichen werden in den kommenden Jahren gestellt. Nur wenn wir selbst zu einem Element des Naturschutzes werden, haben wir eine Chance, unsere eigenen ökologischen Nischen zu erhalten.

Remmingsheim, im Frühjahr 1987, Nicholas Mailänder

Vorwort zur Neuauflage

Mittlerweile sind 11 Jahre seit Erscheinen der letzten Auflage des Kletterführers von Nico Mailänder vergangen und genau 50 Jahre, seit Schorsch Blitz seinen ersten Kletterführer über den Odenwald veröffentlicht hat. Vieles ist seitdem passiert, und Nicos letzte Worte im Vorwort zur 2. Auflage haben sich erfüllt: Die „Weichen" sind gestellt worden – nicht gerade zum Vorteil für den Klettersport. Dennoch wurde in den letzten Jahren in langwierigen, nervenaufreibenden Verhandlungen und mit der Entwicklung von Kletterkonzeptionen viel erreicht. Ein Großteil der Klettergebiete steht der Ausübung des Klettersports weiterhin zur Verfügung, wenn auch mit Einschränkungen.

Allein diese einschneidenden Veränderungen im Umfang und auch in der Art und Weise der Ausübung des Kletterns machten einen neuen Kletterführer für den Odenwald unumgänglich. Ohne eine entsprechende Dokumentation und Information der Kletterer/innen besteht kaum die Möglichkeit, die ausgehandelten, differenzierten Regelungen umzusetzen. Da die Nichteinhaltung der Regelungen voraussichtlich zu weiteren Einschränkungen führen würde, ist die vorliegende 3. Auflage von „Klettern im ODENWALD" auch eine notwendige und wichtige Maßnahme für den dauerhaften Erhalt der verbliebenen Klettermöglichkeiten. Nicht zuletzt war natürlich allein schon aus klettersportlicher Sicht eine aktualisierte Neuauflage längst überfällig und notwendig.

Der von Nico Mailänder im Vorwort zur 1. Auflage dargelegte Anspruch an seinen Odenwald-Kletterführer wurde beibehalten und auch das Essay „Von Hagen, Haken und Handkäs" aus der 2. Auflage übernommen und zum Teil ergänzt. Ebenso finden sich zahlreiche Zitate über die Erschließungsgeschichte und Karikaturen aus dem allerersten „Kletterführer Odenwald" von Schorsch Blitz (1948) in dem vorliegenden Büchlein wieder. Es wäre einfach zu schade gewesen, diese humorvollen und originellen, historisch wertvollen Dokumente der Odenwälder Klettergeschichte in der Versenkung verschwinden zu lassen. Mein besonderes Anliegen war, nicht nur eine „Abhakliste" mit den notwendigsten Informationen (Lage, Routenliste, Topos) zu erstellen, sondern auch Lesestoff zur Geschichte der Klettergebiete und ihrer Erschließer sowie Anekdoten einzubinden, was in den meisten „modernen" Kletterführern leider vernachlässigt wird. Aber gerade die „Geschichte" eines Klettergebietes ist es, die aufzeigt, welchen Wert es für den Klettersport insgesamt und für den Einzelnen hat, warum und wie es zu dem geworden ist, was es heute ist.

Aus diesen Gründen habe ich zugleich auf größtmögliche Vollständigkeit und Aktualität Wert gelegt, weshalb nicht nur die Anfertigung neuer, umfassender Topos zur Darstellung aller vorhandenen Routen, Varianten und Boulder, sondern auch entsprechende Recherchen zu Routennamen, Schwierigkeitsgraden und Erstbegehern unumgänglich waren.

Vor nahezu drei Jahren hatte mich Peter Ripplinger gebeten, für die geplante Neuauflage die Bearbeitung des Schriesheimer Steinbruchs zu übernehmen. Dabei ist es nicht geblieben und eins kam zum anderen: Nicht nur die damit verbundene Arbeit, sondern auch die verhandlungspolitischen Gegebenheiten in Hessen und bezüglich des Schriesheimer Bruchs verzögerten die anfangs für 1996 angestrebte Fertigstellung.

An dieser Stelle möchte auch ich mich bei allen bedanken, die zu Gelingen und Entstehung des vorliegenden Werkes beigetragen und uns unterstützt haben – besonders auch bei Nico Mailänder, der seinen legendären Kletterführer als Grundlage zur Verfügung stellte. Bemerkenswert ist auch die umfassende Unterstützung durch DAV-Sektionen wie Darmstadt, Starkenburg und Weinheim sowie den „Odenwälder Kletterfreunden".

Zum Schluß nun noch ein wahres Wort vom guten Schorsch Blitz: »Ich möchte das Kapitel.... nicht beenden, ohne dem Leser nachdrücklichst vom Klettern abgeraten zu haben, denn nach der klassischen Formulierung eines bekannten Alpinisten ist Bergsteigen ein Sport, der nach allen Seiten steil abfällt und dem Menschen nach dem Leben trachtet.«

So, nun geht schön Klettern, seid nett zu Grünzeug, Piepmätzen und Aborigines, und „nehmt die Hände aus der Tasche" – nicht nur beim Klettern, sondern auch für die Erhaltung eurer Klettergebiete.

Dossenheim, im Juli 1998, Jo Fischer

Für Unterstützung und wertvolle Informationen gilt unser besonderer Dank:

Johannes Altner, Darmstadt
Eric Barnert, Darmstadt
Ralf Blumenschein, Mannheim
Ulrich Butschbacher, Eschelbronn
Uwe Buttmi, Birkenau
Stefan Dahm, Walldorf
Christoph Deinet, Kelkheim
Heribert Egger, Bensheim
Florian Eigler, Mannheim
Rolf Fäth, Bad König
Andreas Flögel, Mannheim
Werner Flögel, Mannheim
Konstantin Gängel, Heidelberg
Heiko Gerwens, Heidelberg
Axel Gruler, Eppelheim
Heiner Habel, Bad Dürkheim
Rolf Habich, Mannheim
Alexander Heep, St. Leon-Rot
Hubertus Heinikel, Rödermark
Helmut Huber, Speyer
Andreas Johann, Sandhausen
Joachim „Jockel" Kaiser, Dieburg

Matthias Klaucke, Weinheim
Stefan Köhler, Heilbronn
Werner Lautenschläger, Bad König
Nicholas Mailänder, München
Markus Mayer, Mannheim
Matthias Pfleger, Mannheim
Horst Schlehlein, Weinheim
Steven Schlehlein, Viernheim
Thormod Schöll, Dossenheim
Florian Schreiber, Bensheim
Sebastian Schwertner, Erlangen
Laszlo Spuler, Maxdorf
Christian Stakelbeck, Viernheim
Gabi Viemann, Heidelberg
Wulf von der Decken, Neckargemünd
Thomas Wecker, Frankfurt
Alexander Wenner, Worms
Jörg Wilz, Heidelberg
Thomas Wolf, Heidelberg

sowie Christian Harang für die Topos von Silberwald, Hainstadt und Höchst.

nochmals Markus Mayer, diesmal in der „Topropekante" (7+/8-) – Schriesheimer Steinbruch

Aufbau des Kletterführers

Die Klettergebiete des Odenwaldes wurden aufgrund ihrer räumlichen Lage zwei Bereichen zugeordnet, dem „Badischen Odenwald" (Raum Heidelberg/Weinheim) und dem „Hessischen Odenwald". Die regionale Zuordnung ist der Übersichtskarte (S. 15) zu entnehmen.

Jedem Klettergebiet ist die Darstellung der gebietsspezifischen Fakten und Kletterregelungen sowie ein Abriß der Klettergeschichte vorangestellt. Es schließt sich ein Lageplan an, dem die Parkmöglichkeiten, die zu benutzenden Zuwegungen sowie die Lage der Felsen und Sektoren zu entnehmen ist.

Sämtliche Steinbruch- und Felswände sind in Form von Topos dargestellt, in denen nicht nur die Routen eingezeichnet, sondern auch die Zuwegungen und Kletterregelungen berücksichtigt sind, soweit dies sinnvoll oder notwendig ist. Die Kletterrouten sind jeweils von links nach rechts aufgeführt und fortlaufend durchnummeriert.

Geologie des Odenwaldes

Der westliche Teil des Odenwaldes besteht neben den Quarzporphyren (quarzreiche vulkanische Ergußgesteine) überwiegend aus magmatischen, in der Erdkruste erstarrten Gesteinen und metamorphen Gesteinen (kristalliner Odenwald). Bei den Metamorphiten handelt es sich um mehr als 400 Millionen oder sogar über 570 Millionen Jahre alte Sedimentgesteine, die später, in Abhängigkeit von ihrer Versenkungstiefe, durch hohe Drücke und Temperaturen verändert wurden (Umkristallisation). Ihre durchgreifendste Umwandlung erfuhren diese Gesteine im Zuge der variszischen Gebirgsbildung vor 370 - 230 Millionen Jahren. Zu einer verbreiteten Aufschmelzung der Gesteine wie im Schwarzwald ist es dabei allerdings nicht gekommen. Die magmatischen Gesteine des Odenwaldes, entstanden im Verlaufe der variszischen Gebirgsbildung, als Magma entlang von Bruchstrukturen in die Erdkruste aufdrang und dort anschließend zu Dioriten, Graniten und Gabbros erkaltete.

Gegen Ende der variszischen Gebirgsbildung im Perm, vor etwa 235 Millionen Jahren, drangen dann an Bruchstrukturen der Erdkruste magmatische Schmelzen bis an die Erdoberfläche auf. Ihre erstarrten Laven (Ergußgesteine, Vulkanite) sind im südlichen Odenwald in Form von quarzreichen Porphyren bei Dossenheim, Schriesheim und Weinheim anzutreffen sowie als quarzarme Melaphyre im nördlichen Odenwald, in der Nähe von Darmstadt.

Eine große, etwa nordsüdlich verlaufende, schon vor der variszischen Gebirgsbildung angelegte Verwerfungslinie, die Otzberg-Störung, teilt den Odenwald in zwei ungleiche Hälften. Der größere westliche Teil wird als Bergsträßer und der kleinere östlichere Teil als Böllsteiner Odenwald bezeichnet. Letzterer wird, im Gegensatz zum westlichen Odenwald, aus flach nach Osten abdachendem Sandsteinen des Trias vor 225-215 Millionen Jahren gebildet. Diese mächtigen Sandsteinablagerungen (Buntsandstein) bildeten sich, in einem großen festländischen Meeresbecken, das aufgrund eines allgemeinen Anstieges des Meeresspiegels in Mitteleuropa entstanden und im Bereich der Nordsee an das damalige Weltmeer angeschlossen war. Sie prägen heute die Landschaft des östlichen und südlichen Odenwaldes. Der westliche, kristalline Bereich bildete zu jener Zeit eine etwas höherliegende, kleine Schwelle innerhalb des Meeresbeckens, auf der sich daher nur geringmächtige Sandsteine und andere Sedimente ablagern konnten. Diese Ablagerungen wurden, nach dem Rückgang des Meeres, durch die einsetzende Erosion sukzessive soweit abgetragen, daß heute nur noch Relikte an wenigen Orten Zeugnis von ihrer Existenz ablegen.

Vor etwa 60 Millionen Jahren setzte dann die Hauptsenkung des Rheintalgrabens ein, der das prägnanteste Element einer altangelegten Bruchstruktur darstellt, die von Nord nach Süd quer durch die europäische Kontinentalkruste verläuft. Hinweise auf das Alter dieser Struktur sind z.b. die auffällige Anhäufung von permischen Vulkaniten an beiden Seiten des Grabenrandes, die anzeigen, daß die seitlichen Bruchlinien schon damals vorhanden waren und als Aufstiegsbahnen für Lavaschmelzen dienten.

Verstärkt wurde der Absenkungsvorgang des Grabens vor allem im Jung-Tertiär, durch die Heraushebung der randlichen Mittelgebirge. Dies führte dazu, daß der Odenwald von der Oberrheinebene durch große Verwerfungen abgeschnitten wurde. Der Gesamtverwerfungsbetrag an den Grabenflanken, zwischen der von fossilreichen Süß- und Salzwasserablagerungen zugedeckten Grabensohle und der heutigen Erdoberfläche beträgt an der Odenwälder Seite bis zu 4000 m und an der Pfälzer Seite etwa 3000 m. Dieser auf Wärmeströmungen im Erdinneren zurückzuführende Vorgang ist nach den Ergebnissen aktueller Messungen noch nicht abgeschlossen. Die Meßwerte entsprechen auch heute noch der Geschwindigkeit der bisherigen Absenkung. Eine hohe Temperatur-zunahme zur Tiefe hin und die relative Erdbebenhäufigkeit passen ebenfalls in das Bild einer aktiven Bruchzone.

Aufgrund der steigenden tektonischen Aktivität im Bereich des Rheintalgrabens und der ihn begleitenden Bruchstrukturen kam es im Tertiär erneut zu vulkanischen Aktivitäten (Kaiserstuhl, Hegau, Uracher Alb). Im Odenwald und seiner Umgebung drangen vulkanische Magmen allerdings nur vereinzelt an die Oberfläche. Sie bildeten kleinere Vulkane, von denen heute nur noch die erkalteten, schlotfüllenden Magmen bzw. Reste von Lavaströmen vorhanden sind. Die überwiegend aus lockeren Auswurfmaterialien aufgebauten Vulkankegel sind mittlerweile abgetragen. Vorkommen junger vulkanischer Gesteine (Basalte) finden sich im Gebiet von Groß-Umstadt am Nordostrand, dem Otzberg im Zentralteil und dem Katzenbuckel im südöstlichen Buntsandstein des Odenwaldes.

Der Odenwald ist insgesamt arm an Lagerstätten. Die vorhandenen kleinen Vorkommen von Eisen-, Blei- und Zinkerzen sowie denen anderer Metalle (z.B. Schriesheim, Wald-Michelbach) haben bisher keinen nennenswerten Abbau ermöglicht. Lediglich die Porphyrvorkommen lohnten den Abbau zur Gewinnung von Schotter und Splitt. Desweiteren hatte der Buntsandstein als Werk- und Ornamentstein in früheren Jahren erhebliche Bedeutung und prägte den Baustil vieler Städte wie z.B. Heidelberg. Nicht zuletzt verdanken wir Kletterer der wirtschaftlichen Bedeutung von Porphyr und Buntsandstein die Existenz der meisten und attraktivsten Klettergebiete des Odenwaldes.

Jo Fischer

Wichtige Adressen

Rettungsleitstellen
Telefon: 192 22 (bundesweit einheitlicher Notruf)

Übernachtungsmöglichkeiten
- JH Heidelberg, Tiergartenstr. 5, 69120 HD, Tel.: (0 62 21) 41 20 66
- JH Weinheim, Breslauer Str. 46, Weinheim, Tel.: (0 62 01) 6 84 84
- JH Zwingenberg, Auf dem Berg 41, Zwingenberg, Tel.: (0 62 51) 7 59 38

- Wormser Naturfreundehaus am Borstein
- Darmstädter Naturfreundehaus, Auf der Lenzwiese, Höchst-Hassenroth, Tel.: (0 61 63) 38 44

- Felsberghütte der DAV-Sekt. Darmstadt, nördl. von Reichenbach am Felsenmeer, Tel.: (0 62 54) 10 44

Campingplätze
- Neckartal, Schlierbacher Landstr. 151, 69118 HD-Schlierbach, Tel.: (0 62 21) 80 25 06
- Haide, 69151 Neckargemünd, Tel.: (0 62 23) 21 11
- Friedensbrücke, 69151 Neckargemünd, Tel.: (0 62 03) 21 78
- Schriesheim, Talstr. 180, 69198 Schriesheim, Tel.: (0 62 03) 6 48 80
- Schöner Odenwald, Spechtbach 35, 69483 Wald-Michelbach, Tel.: (0 62 07) 22 37
- W. Seip, Ortsstr. 39, 69253 Eiterbach bei Heiligkreuzsteinach, Tel.: (0 62 20) 78 91
- Wiesensee, Ulmenweg 7, 69502 Hemsbach bei Weinheim, Tel.: (0 62 01) 7 26 19
- Terrassencamping, Am Zentbuckel 11, 64678 Lindenfels-Schlierbach, Tel.: (0 62 25) 6 30
- Campingplatz am Ortsrand von Neunkirchen, 64397 Modautal
- Campingplatz bei Breuberg-Wald-Amorbach, 64747 Breuberg

Fremdenverkehrsämter • Verkehrsvereine
- Fremdenverkehrsverband Odenwald-Bergstrasse Neckartal e. V., Marktplatz 1, 64711 Erbach
- Hessischer Fremdenverkehrsverband e. V., Abraham-Lincoln-Str. 38, 65189 Wiesbaden
- Tourist-Information Spessart-Main-Odenwald, Brückenstr. 2, 63897 Miltenberg
- Landkreis Bergstrasse Landratsamt, Gräflstr. 5, 64646 Heppenheim
- Touristikgemeinschaft Neckartal-Odenwald, Kellereistr. 36, 69412 Eberbach

- Verkehrsverein Heidelberg e. V., Postfach 10 58 60, 69048 Heidelberg
- Fremdenverkehrsamt Zwingenberg, Untergasse 16, 64673 Zwingenberg
- Gemeindeverwaltung Lautertal - Rathaus, Nibelungenstr. 280, 64686 Heppenheim
- Kur- und Touristikservice Lindenfels, Burgstr. 37, 64678 Lindenfels
- Gemeindeverwaltung Mühltal, Ober-Ramstädter-Str. 2-4, 64267 Mühltal
- Gemeinde Fischbachtal, Darmstädter Str. 8, 64405 Fischbachtal
- Gemeindeverwaltung Mossautal - Rathaus, 64756 Mossautal/Odenwald
- Stadtverwaltung Breuberg, Ernst-Ludwig-Str. 2-4, 64747 Breuberg
- Verkehrsamt der Gemeinde Höchst, Montmeharplatz 4, 64739 Höchst

Nahverkehrsunternehmen
BRN – Busverkehr Rhein-Neckar GmbH, Willy-Brandt-Platz 7, Mannheim, Tel.: (06 21) 12 00 30
HEAG – Verkehrsverbund GmbH, Klappacher Str. 172, 64285 Darmstadt, Tel.: (0 61 51) 7 09-0
OEG – Oberrhein. Eisenb.-Gesellsch. AG, Käfertaler Str. 9-11, 68167 Mannheim, Tel.: (06 21) 33 94-0
RMV – Rhein-Main-Verkehrsverbund GmbH, Alte Bleiche 5, 65719 Hofheim, Tel.: (01 80) 2 35 14 51
RMV – Odenwald Regional-Gesellschaft, Marktplatz 1, 64711 Erbach, Tel.: (0 60 62) 94 33-0
VU – Verkehrs GmbH Untermain, Geschäftsstelle Darmstadt, Tel.: (0 61 51) 88 96 40

Klettern und Naturschutz

Kaum einem Kletterer – besonders, wenn er in baden-württembergischen Gebieten seinem Sport nachgeht – dürfte es entgangen sein, daß in quasi jedem Klettergebiet Regelungen, die eine möglichst naturschonende Ausübung unseres Sports sicherstellen, zu beachten sind. So auch im Odenwald: Von Totalsperrungen über zeitlich befristetem Klettern bis hin zu ganzjährigen Klettererlaubnissen reicht die Palette. Ebenso sind Wegegebote und Ausstiegsverbote zu befolgen, im Fall der Boulder-Blöcke am Riesenstein auch ein Magnesia-Verbot zu beachten.

Diese bestehenden Regelungen sollten in unserem eigenen Interesse unbedingt eingehalten werden, denn unsensibles Verhalten gefährdet die zukünftige Ausübung des Klettersports in unseren heimischen Klettergebieten.

In den Gebieten selbst sind die Regelungen auf Informationstafeln und durch am Fels angebrachte Symbole kenntlich gemacht:

  gesperrte Felsbereiche und Wege

  freigegebene Kletterbereiche und Wege

Im allgemeinen ist davon auszugehen, daß bei vorhandenen Umlenkungen diese auch entsprechend zu benutzen sind. Bei nicht eindeutigen Fällen sind Ausstiegsverbote mit dem Sperrsymbol gekennzeichnet.

Ferner sind die folgenden, allgemeinen Verhaltensweisen, die für jeden Kletterer selbstverständlich sein sollten, unbedingt zu beachten:

- -> **Parken nur auf ausgewiesenen Flächen und Plätzen**
- -> **nur gekennzeichnete Wege und Zustiege benutzen**
- -> **die geltenden räumlichen und zeitlichen Sperrungen beachten**
- -> **keine Pflanzen aus Kletterrouten entfernen**
- -> **alle Abfälle wieder mitnehmen**
- -> **kein offenes Feuer anzünden**
- -> **unnötigen Lärm vermeiden**

Über die in den Klettergebieten des Odenwalds bestehenden Regelungen kann man sich, außer an den jeweils im Zugangsbereich aufgestellten Informationstafeln, auch bei folgender Adresse informieren:

AG Klettern & Naturschutz im Odenwald e.V.
c/o Chris Kohl
Königsbacher Str. 24
68549 Ilvesheim
Tel.: 0621/495505

Übersicht der Gebiete

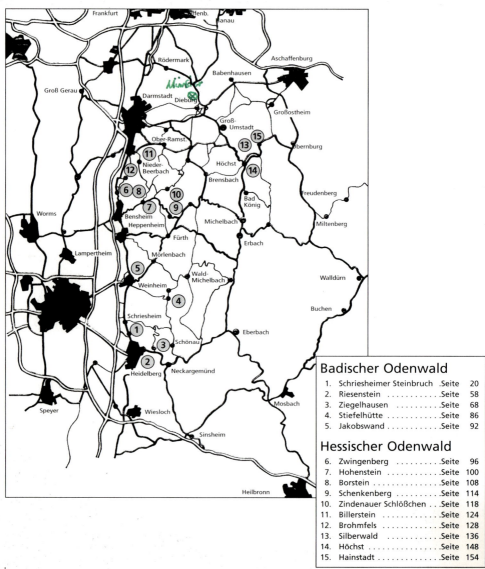

Badischer Odenwald

1. Schriesheimer Steinbruch .Seite 20
2. Riesenstein . . . . .Seite 58
3. Ziegelhausen . . . . .Seite 68
4. Stiefelhütte . . . . .Seite 86
5. Jakobswand . . . . .Seite 92

Hessischer Odenwald

6. Zwingenberg . . . . .Seite 96
7. Hohenstein . . . . .Seite 100
8. Borstein . . . . .Seite 108
9. Schenkenberg . . . . .Seite 114
10. Zindenauer Schlößchen . . .Seite 118
11. Billerstein . . . . .Seite 124
12. Brohmfels . . . . .Seite 128
13. Silberwald . . . . .Seite 136
14. Höchst . . . . .Seite 148
15. Hainstadt . . . . .Seite 154

Klettersport

Come in

Musterkollektionen

First & Secondhand

Sportartikel

Hundezubehör

tel: 069/492222
info@outflip.de
www.outflip.de
mo-mi,fr 14-18 do 14-20 sa 10-16

Heidestr.40
Ecke Höhenstraße
60385 Frankfurt a.M.

Von Hagen, Haken und Handkäs

Den Odenwald kannte früher fast jeder Zwölfjährige als ein Waldgebirge unweit von Worms am Rhein gelegen. In diesem Forst stellten Gunther, Gernot und Giselher dem Hirsch, dem Bären und dem Auerochsen nach. Hier soll es auch gewesen sein, wo der einäugige Finsterling Hagen von Tronje dem edlen Siegfried aus niedrigen Beweggründen eine Lanze zwischen die Rippen jagte, »daz von der wunden sprang das bluot ihm von dem herzen an Hagenens gewand«. Leute, die sich für so etwas interessieren, kennen vielleicht auch die Geschichte, wie der Schinderhannes dem Gendarmen in Scheuerberg das Pferd stibitzte oder die andere, wie der Reinhard Karl dem Mühe Richard bei der Stiefelhütte auf frevelhafte Weise eine Tour klaute. Wie gesagt, Schurken und Helden hat es im Odenwald schon seit Menschengedenken gegeben. Nur hat das bislang noch kaum jemanden interessiert.

Wenn norddeutsche Extremklimmer auf der Fahrt in den Verdon mit sturem Blick nach Süden brausen, verschwenden sie kaum einen Gedanken an die Waldmugel, die die Autobahn kurz vor Heidelberg eine gute Viertelstunde lang linker hand begleiten. Ähnlich geht es dem baiuwarischen oder schwäbischen Auslandsbergfahrer, der, schon die Cordillera Blanca oder die gleißenden Wände des Yosemite-Tals vor dem inneren Auge, im Intercity nach Frankfurt vor sich hindöst. Man kann es ihnen auch kaum verdenken, denn trotz seiner unbestreitbaren Einmaligkeit ist der Zwingenberger Steinbruch eben doch nicht der El Cap und der Melibokus mit seiner durchaus beeindruckenden Höhe von 517 m noch lange nicht der Yerupaja. Und doch spiegeln sich die Entwicklungen im großen Alpinismus auch in den oft verborgenen Wänden dieses abgeschiedenen Weltwinkels wider.

Es war vor langer Zeit. Klettern bedeutete damals noch vor allem sich schwerbepackt von einem rostigen Eisenring zum nächsten zu hieven. Aber dennoch neigte sich die Epoche der Bollerschuhe, obwohl mancher tumbe Tor noch nichts davon ahnte, bereits ihrem Ende entgegen. Denn mancherorts begannen junge Kletterer sich nämlich schon weniger für korrodiertes Eisen als für das Material, in dem es steckte, zu interessieren.

Markus Mayer in „Grüner Spalt" (7-) – Schriesheimer Steinbruch

1 Schriesheim

Bereits in den achtziger Jahren hatte sich der Ruf des Schriesheimer Steinbruchs als bedeutendes Klettergebiet im Ballungsraum zwischen Rastatt und Mainz weit herumgesprochen. Dies wurde von den Mannheimern und Heidelberger Kletterern damals nicht unbedingt begrüßt. Nicht daß Fremde in Schriesheim ungern gesehen wären – aber eben nur solche, die ihr Auto an den offiziellen Parkplätzen abstellen und nicht hoch droben im Wald, wo die Schranke selbst den Faulsten zum Sohlenabrieb zwingt.

Wollen wir ein glaubwürdiges Element im Widerstand gegen Klettersperrungen sein, müssen wir selbst passiv und aktiv zur Erhaltung der Natur beitragen. Mit jedem „Ausrutscher" schädigen wir uns selbst! Zugegebenermaßen ist Schriesheim ein ideales Gebiet, sich auf dem Feld der modernen Archäologie zu betätigen. Dies bedeutet jedoch nicht, daß man dem Tagebau- und Autoreifenhorizont noch eine Coladosen-/Kronkorkenschicht hinzufügen muß. Die Verzehrgewohnheiten im letzten Viertel des 20. Jahrhunderts dürften andernorts ausreichend dokumentiert sein, so daß wir Verpackungsmaterial – auch das, welches unsere Mitmenschen hinterlassen haben – guten Gewissens der Feldforschung entziehen können.

Lage   Der Schriesheimer Steinbruch befindet sich ca. 7 km nördlich von Heidelberg, oberhalb von Schriesheim. Von der parallel zum Odenwald verlaufenden Autobahn A 5 sowie der B 3 ist die konkave Einbuchtung im Ölberg (426 m) mit ihrem orange leuchtenden Gestein und die darunter am Hang stehende Strahlenburg deutlich zu sehen.

Anfahrt   **per Auto:** Auf der A 5 (Darmstadt-Karlsruhe) zur Abfahrt Ladenburg und weiter nach Schriesheim (bzw. von Heidelberg oder Weinheim über die Bergstraße (B 3). In Schriesheim abbiegen Richtung Wilhelmsfeld/Schönau.
a) An der ersten Ampel rechts in die Bismarckstraße, dann die zweite links (Bahnhofstraße). An ihrem Ende rechts und gleich wieder links in den Kehlweg. Dort beginnt wenige Meter oberhalb der abzweigenden Panoramastraße der Fußweg zur Burg, der innerhalb von ca. 5 min zum Parkplatz der Strahlenburg führt.
b) Der Talstraße etwa 2 km folgen, bis unmittelbar vor dem Ortsende (Malzfabrik) eine schmale Straße nach rechts abzweigt (Hinweisschild: Strahlenburg) und nach ca. 2 km am Parkplatz der Strahlenburg endet. An Wochenenden ist der Parkplatz teilweise kostenpflichtig und zudem meist belegt. Auf keinen Fall auf dem (gesperrten) Forstweg parken! Dies führt zu vermeidbarem Ärger mit Forst und Weinbergsbesitzern, zudem wird die Zufahrt für Rettungsfahrzeuge erschwert, was Ihr in Eurem eigenen Interesse vermeiden solltet. Bitte nutzt daher die zahlreichen Parkmöglichkeiten in Schriesheim.
per Bus und Bahn: Mit der Bundesbahn nach Heidelberg oder Weinheim und von dort mit der Bahn der Oberrheinischen Eisenbahngesellschaft (OEG) zum OEG-Bahnhof Schriesheim. Von hier zu Fuß weiter, die Bahnhofstraße durch den Ort hinauf zum Kehlweg, von welchem ein steiler Fußweg durch die Weinberge hinauf zur Strahlenburg führt.

1 Schriesheim

Zugang Den vom Parkplatz an der Strahlenburg aufwärtsführenden Forstweg hinauf. Man gelangt so an eine Kehre in der sich ein Gedenkstein befindet (Aussichtspunkt). Von hier aus links vom Weinberg, im Wald auf unmarkiertem Steilpfad gerade empor, bis zu einem Forst-/Weinbergweg. Über diesen hinweg und weiter den deutlichen Pfadspuren durch den Wald folgen. Einen weiteren Forstweg querend, zum 3. Querweg. Diesen nach rechts hinauf, bis zum Wegeknotenpunkt (2 Schranken) und auf dem horizontal nach Süden verlaufenden Weg weiter, bis die erste Abzweigung (Drahtsperre) nach links in den Steinbruch hineinführt. Von hier aus gelangt man über Klettersteige zu den darüber liegenden Wandstufen.

Charakter Hauptsächlich senkrechte bis schwach geneigte Wand- und Verschneidungsklettereien an Rissen, Auflegern und schmalen Leisten. Der Quarzporphyr ist aufgrund der beim ehemaligen Steinbruchbetrieb durchgeführten Sprengarbeiten von unterschiedlicher Qualität. Die meisten Routen befinden sich aber in ausgeräumten, überwiegend festen Felsbereichen. Die 4 Wandstufen weisen Höhen von 8 m bis fast 30 m auf. Insgesamt gibt es knapp 200 Routen sowie ca. 30 Varianten, deren Schwierigkeitsgrade zwischen 2 und 10- (überwiegend 5- bis 8-) liegen. Die vorhandene Absicherung ist ausreichend bis gut und wurde 1998 komplett saniert. Bei den nur mit unzureichender Absicherung versehenen Routen handelt es sich oft um unlohnendere Wege. Im Zuge der Sanierungsmaßnahmen wurden nahezu alle Routen mit soliden Umlenkungen ausgestattet.

Aufgrund der geschützten Lage im Berg kann man auch an sonnigen Wintertagen im Schriesheimer Steinbruch klettern. Der noch niedrige Baumbestand und die Dichte des Gesteins erlauben ein schnelles Abtrocknen, auch nach längeren Regenfällen.

Gastronomie Für touristisch ambitionierte empfiehlt sich die Einkehr auf der Terrasse der Strahlenburg, mit Blick über das Rheintal. Desweiteren bietet das Gasthaus „Ludwigstal" an der Zufahrtstraße zur Strahlenburg einen oft besuchten Treffpunkt für das Après-Climbing. Wer sein wohlverdientes Bier lieber draußen an einem plätschernden Brunnen zu sich nehmen möchte, ist beim „Kaffeehaus" in der Altstadt von Schriesheim gut aufgehoben, in dessen Nähe sich auch zwei Pizzerien befinden.

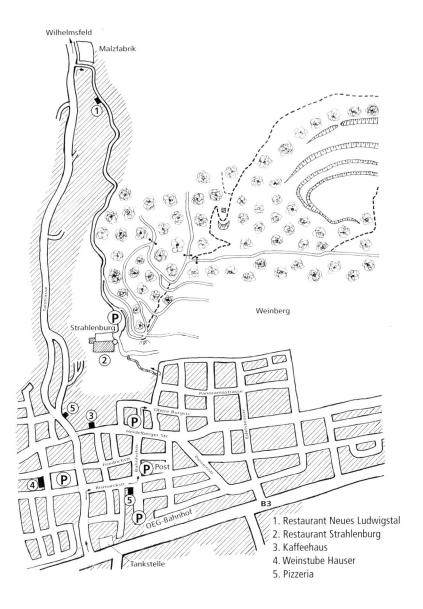

1. Restaurant Neues Ludwigstal
2. Restaurant Strahlenburg
3. Kaffeehaus
4. Weinstube Hauser
5. Pizzeria

Die „Korridorlösung" im Schriesheimer Bruch

– ein Modell für differenzierte Konfliktlösungen

In der scheinbar unendlichen Geschichte um die Klettererlaubnis im Schriesheimer Steinbruch wurde in den letzten Monaten nicht lediglich ein neues Kapitel aufgeschlagen, sondern es wurde der erste Band des Monumentalwerkes zum Abschluß gebracht: Die Verordnung des Naturschutzgebietes „Ölberg", in dem unser geliebter Steinbruch liegt, erlaubt das Klettern ohne zeitliche Einschränkung im gesamten zentralen Teil des Bruches. Somit bleiben 88 % der Routen für uns Kletterer erhalten! In dem Umfeld der Sperrungswut, die seit einigen Jahren in Deutschland – und insbesondere aufgrund des Biotopschutzgesetzes in Baden-Württemberg – zu beobachten war, erscheint dieses Ergebnis um so erstaunlicher. Hoffnungsvolle Zeitgenossen mutmaßen sogar eine Trendwende...

Seit 1987 schwebte das Damoklesschwert einer Totalsperrung über dem Schriesheimer Bruch: Ein Gutachten des inzwischen emeritierten Prof. Ludwig, der in der biologischen Fakultät der Uni Heidelberg tätig war, forderte unter Hinweis auf bedrohte Vogelarten eine Totalsperrung des Steinbruchgeländes. Diese Forderung wurde von den Ortsgruppen des BUND und Teilen des Schriesheimer Gemeinderats unterstützt. Auch die Porphyrwerke Weinheim-Schriesheim AG sprachen ein Betretungsverbot aus.

Einzelne, Vorstöße seitens einiger Sektionen des DAV, dem hessischen Landesverband und dem „Schriesheimer Kletterclub" gelang es in den Jahren 1988 bis 1990 nicht, das drohende naturschutzrechtliche Kletterverbot abzuwenden. Eine kleine Gruppe engagierter Kletterer formierte sich dann 1990 zu der „AG Schriesheimer Steinbruch", um einen Lösungsweg zu erarbeiten, der sowohl Kletterern als auch dem Naturschutz gerecht wird. Bald wurde klar, daß hierzu große Anstrengungen notwendig waren: Das Gutachten von Prof. Ludwig mußte zum Teil widerlegt, zum Teil präzisiert werden, ein wissenschaftlich begründeter Vorschlag zur Konfliktlösung war vonnöten. Die „AG Schriesheimer Steinbruch", aufgrund der Probleme im hessischen Odenwald und infolge des Biotopschutzgesetzes in Baden-Württemberg inzwischen in „AG Klettern und Naturschutz im Odenwald" umbenannt, gewann 10 betroffene DAV-Sektionen als Mitstreiter und band auch die Odenwälder Kletterfreunde und die SSG Bensheim in die Aktivitäten ein. So konnte – auch mit Unterstützung des Hauptverbandes des DAV – ein ausführliches Gutachten finanziert werden, das von einem renomierten Heidelberger Institut erarbeitet wurde. Die in diesem Gutachten vorgeschlagene „Korridorlösung" bildete die Basis der heute in der Verordnung festgeschriebenen Klettererlaubnis.

Leider waren allen voran die AGW (Arbeitsgemeinschaft Wanderfalkenschutz) als auch die Ortsgruppen des NaBu und des BUND nach wie vor gegen das Klettern im Steinbruch. Zu unserem Glück sprachen sich sowohl der damalige Bürgermeister von Dossenheim, Herr Denger, als auch Schriesheims Bürgermeister Riehl für eine Klettererlaubnis aus. Die „AG Klettern und Naturschutz" vertrat in den folgenden Jahren die Interessen der Kletterer und der DAV-Sektionen, informierte die Öffentlichkeit und stand den Behörden tatkräftig bei der Suche nach einer tragbaren Lösung zur Seite. Nachdem ein weiteres Gutachten, das von der BNL im Auftrag des Regierungspräsidiums Karlsruhe vergeben wurde, zu dem Schluß kam, daß die vorgeschlagene Korridorlösung für den Naturschutz einen akzeptablen Kompromiß darstellt, war der Weg für die aktuelle Lösung des Problems geebnet.

1

Im Herbst 1997 fand in Schriesheim die entscheidende Sitzung statt: Das Regierungspräsidium plädierte für eine Korridorlösung, da ein Totalverbot naturschutzrechtlich nicht ausreichend zu begründen war und man zudem erkannt hatte, daß nur über eine Zusammenarbeit mit den Kletterern die notwendigen Lenkungsmaßnahmen durchführbar sind. Die „AG Klettern und Naturschutz" hatte zwischenzeitlich unter anderem an Boden gewinnen können, da sie – um einen der wichtigsten Schutzzwecke zu gewährleisten – angeboten hatte, zwei Kunsthorste für den Wanderfalken im Steinbruch anzubringen. Die Naturschutzverbände – allen voran die AGW – verweigerten weiterhin jede Mitarbeit an einer konstruktiven Lösung und plädierten nach wie vor für eine Totalsperrung. Dem Regierungspräsidium war nach dem zehnjährigen Verhandlungsmarathon an einer Lösung gelegen, so daß man der „AG Klettern und Naturschutz" anbot, die Betreuung des Naturschutzgebietes als Felspate zu übernehmen. Der Patenschaftsvertrag wurde inzwischen abgeschlossen, so daß im Frühjahr 1998 mit der Umsetzung der Wegebau- und Sanierungsmaßnahmen begonnen werden konnte. Mit fachlicher und finanzieller Unterstützung des Landesverbandes Baden-Württemberg des DAV werden zudem zwei Kunsthorste in den Randbereichen des Steinbruchs eingerichtet. Wir hoffen, daß sich die Beobachtungen bewahrheiten, die in ganz Deutschland gemeldet werden, und sich ein „Kletterer-toleranter" Wanderfalke im Bruch ansiedelt. Nach all dem Mißbrauch, zu dem diese Spezies von den Vogelschützern ungefragt herhalten mußte, würde dieser Falke seiner Art sicherlich einen großen Dienst erweisen...

Die erarbeitete „Korridorlösung" ermöglicht das Klettern im gesamten zentralen Bereich des Steinbruchs. Doch auch dem Naturschutz wird Rechnung getragen: Durch die Einschränkung der Zuwegungen – der Zugang erfolgt zum Beispiel nur noch über die untere Steinbruchberme, durch den Verzicht auf Routenausstiege in den Randbereichen und durch eine Konzentration des unvermeidlichen „Vertikalverkehrs" auf einen schmalen Bereich des Bruchs können die wertvollen Feuchtbiotope und Schutthalden wirkungsvoll geschützt werden. Drei Informationstafeln sowie die Beschilderung an den Wegen und am Fels kennzeichnen die erlaubten Kletterbereiche und machen die Regelungen transparent. Neu errichtete Auf- und Abstiegshilfen sowie Abseilstellen sollen dazu beitragen, die gesperrten Randbereiche der Bermen ruhigzustellen. Somit ist es für keinen Kletterer mehr notwendig, über die früher üblichen seitlichen Zustiege auf die zweite oder dritte Berme zu gelangen.

Der bundesweite Modellcharakter der hier gefundenen differenzierten Regelungen führte inzwischen dazu, daß unserer AG der Umweltpreis des „Kuratoriums Sport und Natur e.V." zugesprochen wurde. Durch das Preisgeld ist es uns möglich, einen Großteil der Sanierungs- und Lenkungsmaßnahmen zu finanzieren. Nun können wir uns nur noch wünschen, daß diese Regelungen von allen Kletterern akzeptiert werden, um zu beweisen, daß in dem Falle nachvollziehbarer und nicht überzogener Sperrungen durch die Mithilfe der Kletterer mehr für den Schutz eines Gebietes getan werden kann, als mit rigorosen Sperrungen zu erreichen wäre.

Peter Ripplinger

1 Schriesheim

Nach einem Brand wurde der Porphyrabbau im Schriesheimer Steinbruch 1967 eingestellt. In der Folgezeit entdeckten einige Bergsteiger, allen voran Lothar Brückner, das felsige Revier als neues Übungsgelände für schwere Alpenrouten und erschlossen die ersten, damals noch hakentechnisch gekletterten Routen durch die Wandstufen des Bruches. Aufgrund der Brüchigkeit des von den Sprengarbeiten aufgelockerten Gesteins und den wenigen für die damalige Art der Kletterei notwendigen und vorhandenen Strukturen hielt sich die Anzahl der bekletterten Wege in Grenzen.

Erst als Mitte der 70er Jahre das Durchsteigen von Routen ohne technische Fortbewegungsmittel aufkam, nahm die Weiterentwicklung des Klettersports im Schriesheimer Bruch seinen Lauf. Die ersten, die das splittrige Porphyrgestein genauer unter die Lupe nahmen, waren die Heidelberger Studenten Reinhard Karl, Richard Mühe und Thomas Nöltner, die auch an den Buntsandsteinfelsen der Südpfalz ihre Spuren hinterließen. Sie „befreiten" so manche „Hakenrassel" und kletterten frei über neue Linien.

Nach dem es ab Anfang der 80er Jahre um die Stürmer und Dränger von damals immer stiller wurde, traten der Mannheimer Rolf Habich und wenig später Mathias Pfleger auf den Plan. In uneigennütziger Einsatzfreude, welche Eroberer nun mal so an sich haben, entrümpelten sie die Steinbruchwände und beförderten, ohne Abbaugenehmigung, tonnenweise Schotter und Gesteinbrocken in die Tiefe. Neue Wege in nun mehr festem Gestein entstanden in Wandfluchten, wo vormals auch ein karwendelgeschultes Auge nur absturzbereite Blöcke und Felsschuppen entdecken konnte. Alte Bruchtouren wie die Engländerführe wurden so in qualitativ hochwertige Klassiker verwandelt. Die Sanierungsmaßnahmen führten dazu, daß das Klettern im Steinbruch schöner und sicherer wurde, womit auch die Attraktivität des Gebietes deutlich stieg. Der größte Teil der heute vorhandenen Routen ist auf die Tätigkeiten der beiden zurückzuführen. Bedingt durch die Entrümpelungsaktionen konnten von ihnen neue Wege in den damals oberen Bereichen der Schwierigkeitsskala angelegt werden. Die technische Glanznummer war die 1984 von Mathias Pfleger frei durchstiegene Route Big Dog (8+).

Im Verlauf des Jahres 1985 tauchte dann ein neuer Name im vierstufigen Felsgemäuer auf und machte den traditionellen Erschließern Konkurrenz: Der junge Andreas „Andy" Flögel setzte mit Piccolo (8), Bambino (7+) und sein Vater Werner mit Klein aber oho (8) Akzente. Im Oktober 1986 läutete Andy dann mit der Befreiung einer hausbackenen Technotour den 9. Grad in Schriesheim ein. Selbst Stefan Glowacz soll mehr als 8 Anläufe benötigt haben, um die wenigen Meter der Cosmopolitan (damals 9) ohne Hakenbenutzung zu durchsteigen. Ein solches Kuckucksei ließen sich die Hausherren natürlich nicht gerne ins Nest legen, und so ruhte Mathias Pfleger nicht eher, als bis ihm ebenfalls die Rotpunktdurchsteigung gelang. Für die freie Begehung der 25 m langen Siffilis (9-) sorgte dann noch im gleichen Jahr wieder Andreas Flögel.

Eine weitere Steigerung der Kletterschwierigkeiten schien aufgrund der Strukturen und des begrenzten Potentials im Steinbruch kaum möglich. Allein der überhängende, glatte Pfeiler im rechten Bereich der 2. Wandstufe bot bei entsprechender „Bearbeitung" noch Potential. Die dort von Florian Eigler modellierte Käsefee (9+/10-) wird heute häufig begangen, während der von Sebastian Schwertner projektierte Trianon bis heute auf die erste freie Durchsteigung wartet.

Die Erschließung ab Mitte der 80er Jahre beschränkte sich jedoch glücklicherweise nicht nur auf die Begehung extremer Wege, sondern erbrachte eine Vielzahl an Routen im genußextremen Bereich. Anstiege wie Ägypten (6-), Handkäs (6-) und Genau So (6) an der 2. Wandstufe sowie die wiederentdeckten Wege Romeo (7-/7), Julia (6) und Alles Paletti (5-) an der 3. Wandstufe erfreuen sich aufgrund ihrer Schönheit großer Beliebtheit. Am eindrucksvollsten sind jedoch die Routen an der 4. Wandstufe. Aufgrund ihrer Länge und der guten Gesteinsqualität gehören Wege wie Bärenkralle (7-), Schinderhannes (6), Andreas Frank (6), Mama Mia (7-) sowie Primadonna (7-), Alpenjodler (5+) und Clou (7-) zum Feinsten, was der Steinbruch zu bieten hat.

Die bis Anfang der 90er Jahre andauernde und bereits abklingende Erschließung endete schließlich mit der Einführung des Biotopschutzgesetzes. Bis dahin entstanden jedoch noch einige lohnende Routen, die vor allem auf des Konto vom unaufhörlich aktiven Rolf Habich gehen, aber auch die Mannheimer Ralf Blumenschein, Markus Mayer und Andreas Graf von Zedtwitz förderten noch viele lohnende und schwere Meter zu Tage. Den bis dahin noch unbekletterten Steinbruchbereichen wären wohl nur mit unverhältnismäßig hohem Arbeitsaufwand noch weitere und vermutlich unlohnende Routen abzuringen gewesen, so daß bereits damals – mangels Masse, beziehungsweise geeigneter Felsqualität – vermutlich der Endpunkt der klettersportlichen Entwicklung im Schriesheimer Bruch erreicht wurde.

Jo Fischer in „MamaMia" (7-) – Schriesheim

1 Schriesheim – Sektorenübersicht

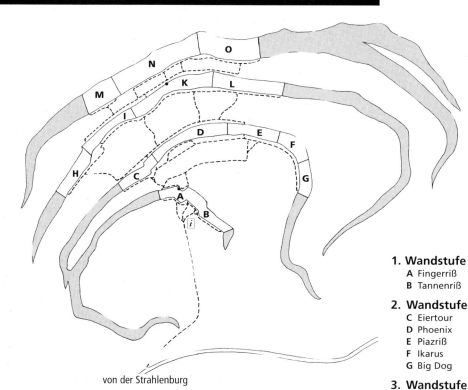

von der Strahlenburg

Aktuelle Regelung – Nur die hier dargestellten Sektoren und Routen sind zum Klettern freigegeben. Aus Naturschutzgründen wurde das vorhandene Netz an Wegen und Pfaden deutlich reduziert, die verbleibenden ausgebaut und gekennzeichnet. Absolut tabu sind die Wege, welche seitlich in den Steinbruch führen und auch die, über welche die Steilstufen seitlich umgangen werden können. Als Auf- und Abstiegshilfen zwischen den Wandstufen wurden Klettersteige eingerichtet. Vorhandene Umlenkungen sind zu benutzen. Weitere Informationen sind der Informationstafel (Standort: s. Plan oben) zu entnehmen.

1. Wandstufe
 A Fingerriß
 B Tannenriß

2. Wandstufe
 C Eiertour
 D Phoenix
 E Piazriß
 F Ikarus
 G Big Dog

3. Wandstufe
 H Choucou
 I Offhand
 K Mannheimer
 L Cassin

4. Wandstufe
 M Schinderhannes
 N Mama Mia
 O Alpenjodler

Ralf Gantzhorn in *„Verschneidung"* (5+) – Schriesheimer Steinbruch

1 Schriesheim – A. Sektor Fingerriß

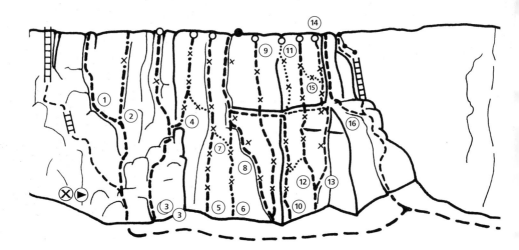

Klettersteig

1	**Kaminchen**	3	*(clean)*
2	**Rechte Kaminwand**	4+	
3	**Piazspalt**	3+	L. Brückner
4	**Ohne Worte**	7+	H. Greib
5	**Bohrhakenleiter**	8-	L. Brückner, frei: M. Pfleger
6	**Blickfang**	7	M. Pfleger, L. Spuler
7	**The Power in Pink**	7+	J. Hartmann
8	**Fingerriß**	6	frei: R. Karl
9	**Graceland**	9-	F. Eigler (gefinkelt)
10	**Frühstückskante**	5+	*(Friends, Ausstieg über Fingerriß: 6)*
11	**Toprope-Dach**	8-	M. Pfleger *(mittlerer Friend)*
12	**Aeroplane/Arthrosedach**	8-/8	oben: U. Butschbacher
13	**Alpinistenweg**	5	*(Friends, Ausstieg über Fingerriß: 6)*
14	**Superlutz**	7+	M. Mayer, A. G.v.Zedtwitz
15	V: **Schön Blöd**	8+	M. Mayer, A. G.v.Zedtwitz
16	**Kurzer Kamin**	5-	*(clean)*

Klettersteig

WO BEGINNT IHRE TOUR?

IN IHRER PHANTASIE UND BEI SINE

IHR WANDER-, TREKKING,- UND REISEAUSRÜSTER IM HERZEN VON FRANKFURT! QUALITÄT, ERFAHRUNG UND DIE GROSSE AUSWAHL FINDEN SIE BEIM FÜHRENDEN SPEZIALISTEN STÄNDIG ATTRAKTIVE SONDERANGEBOTE!

UNTERHALTUNG / INFORMATION / AUSWAHL / SERVICE
KATALOG 2001/2002

Jeder Weg 43; 60318 Frankfurt, Tel. 069 - 55 22 33

Waldstr. 4; 63065 Offenbach, Tel. 069 - 81 68 08

Internet: www.sine.de

Rucksäcke, Schlafsäcke, Zelte, Bergsport-Hardware, Sicherheitsausrüstung, Berg-, Kletter- und Wanderschuhe, Markenfunktionsbekleidung für Trekking, Bergsteigen, Wandern, Klettern

Der außergewöhnliche Ausrüster

1 Schriesheim – B. Sektor Tannenriß

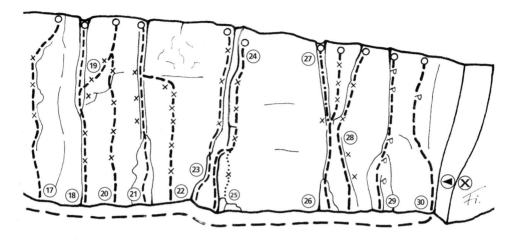

#	Name	Grade	First ascent
17	Horrorhangel	8-,E1	M. Pfleger
18	Krawallkamin	6,E2	L. Brückner *(oben megabrüchig)*
19	Es lebe der Sport	8-	M. Pfleger
20	Killing Joke	9-/9	R. Blumenschein
21	Tannenriß	5+	L. Brückner
22	Engländerführe (N°6)	8	R. Koch, frei: N. Mailänder
23	Grünes Ekel	5	
24	Musterkante (N°14)	6	frei: T. Nöltner
25	V: Starthilfe	7+	frei: M. Mayer
26	Flying Circus (N°8)	6,A1	
27	V: Kaminausstieg	6	
28	Alte Meister (N°9)	7+	R. Habich
29	Techno-Riß (N°10)	E3	
30	Die Allerletzte (N°11)	8,E2	

Aktuelle Regelung – Nur die dargestellten, ausgebauten Pfade benutzen. Klettern nur innerhalb der gekennzeichneten Bereiche. Im Sektor Tannenriß nicht aussteigen. Umlenkhaken benutzen.

1 Schriesheim – C. Sektor Eiertour

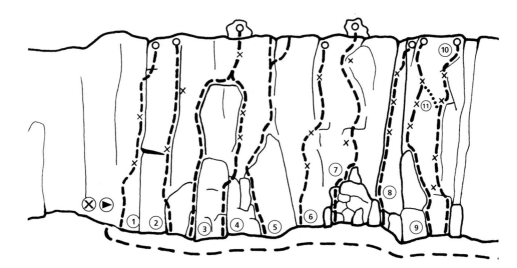

Aktuelle Regelung – Nur die dargestellten, ausgebauten Pfade benutzen. Blockschutthalde nicht betreten. Klettern nur innerhalb der gekennzeichneten Bereiche.

1	**Ketscher Weg**	5+	R. Blumenschein *(oben: Friend)*
2	**Priester-Party**	5+/6-	R. Blumenschein
3	**Schöner Riß**	4+	*(großer Friend!)*
4	**Sahneschnittchen**	4	*(rechts der Verschneidung leichter)*
5	**Normalweg**	3+	*(clean)*
6	**Gailtalerin**	7-	M. Pflüger, P. Rothfuß und R. Blumenschein
7	**Ägypten**	6-	O. Schlafhäuser
8	**Handkäs**	6-/6	E. Gnädinger
9	**Piccolo**	8	A. Flögel
10	**Nicht ohne** (N°17)	5+	L. Brückner *(Zackenschlinge!)*
11	V: **Toprope**	7	T. Nöltner, R. Mühe

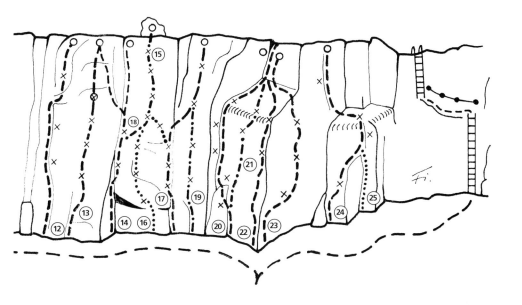

12	**Robin Hood** (N°16)	5+/6-	R. Karl *(Friends)*
13	**Eiertour**	7-/7	L. Spuler
14	**Trickweg** (N°15)	6-	*(Rocks!)*
15	**Zick-Zack**	7+/8-	U. Butschbacher
16	V: **Rollstuhlfahrer-Einstieg**	7+,E1	M. Reinfrank *(Landeplatz ist entschäft)*
17	**Wasserfall**	6	M. Reinfrank
18	V: **Katerakt**	7+	M. Mayer
19	**Bambino**	7+	A. Flögel
20	**Balanceakt** (N°14)	6+	R. Mühe (?)
21	**Gedankenlos**	6-/6	M. Reinfrank
22	**Toprope-Kante**	7+/8-	
23	**Cosmopolitan**	8+/9-	R. Habich, frei: A. Flögel
24	**Schleichweg** (N°13)	6-/6	
25	V: **Rechter Einstieg**	6/6+	*(clean)*

Klettersteig

1 Schriesheim – D. Sektor Phoenix

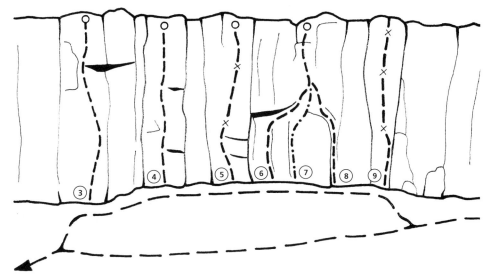

#	Name	Grade	Notes
1	Schuppenverschneidung	3+	(clean, 8 m rechts vom Schleichweg, brüchig)
2	Blöde Schnepfe	6-	M. Mayer, A. G.v.Zedtwitz (clean, brüchig)
3	Blutwurst	7+	(clean)
4	Phoenix	5+/6-	(clean)
5	Freeway	6-	
6	Kurz und heftig	7	M. Mayer, J. Fischer (TR)
7	Mystic Moves	8/8+	M. Mayer, A. G.v.Zedtwitz (TR)
8	Räuberweg	6-	M. Mayer, J. Fischer (clean)
9	Spargeltarzan	6+	M. Mayer, A. G.v.Zedtwitz
10	Beat it (N°19)	3	(brüchig)
11	Grandezza		(brüchig)
12	Mürbe Kekse (N°20)		(brüchig)

Aktuelle Regelung – Nur die dargestellten, ausgebauten Pfade benutzen.

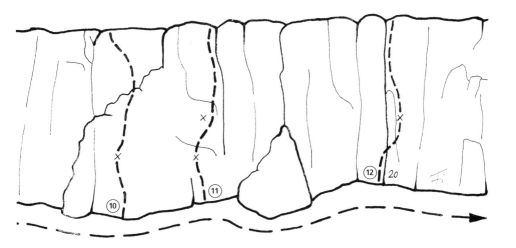

Hotel und Restaurant
Neues Ludwigstal
Inhaber: W. Krämer
Strahlenberger Straße 2
69198 Schriesheim
Telefon: 06203/695-0
Telefax: 06203/61028

Unser familiär geführtes Haus liegt im romantischen Schriesheimer Tal (1,5 km zur Ortsmitte). Wir bieten Ihnen gute regionale Küche und modern eingerichtete Zimmer mit WC, Telefon, teilweise Balkon und Farbfernsehen.

Öffnungszeiten:
Montag bis Freitag ab 16.00 Uhr
Samstag, Sonntag und Feiertag ab 11.30 Uhr
(Sonntags ab 20.00 Uhr geschlossen)

Auf Ihren Besuch freut sich
Familie W. Krämer

1 Schriesheim – E. Sektor Piazriß

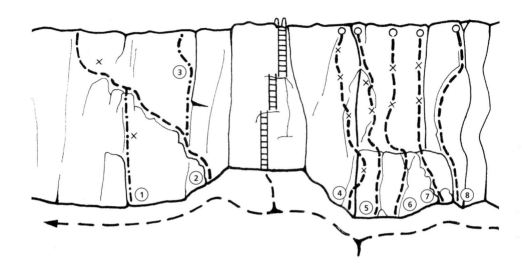

1	"21"		(brüchig)
2	**Linke Rampe**	3	(brüchig)
3	**Schuppenwand**	4+	(clean, brüchig)
	Klettersteig		
4	**Arco**	6-	E. Gnädinger
5	**Overdrive**	7	
6	**Zwackel**	6	
7	**Heinzverschneidung**	6	J. Fischer, M. Mayer
8	**Macho**	7-/7	M. Mayer (clean)

Aktuelle Regelung – Nur die dargestellten, ausgebauten Pfade benutzen. Kein Aussteigen rechts von *Ikarus*, Umlenkhaken benutzen.

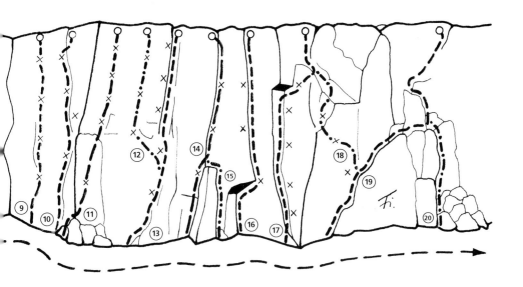

9	**Totalgaz**		8	E. Barnert
10	**Grüner Spalt** (N°12)		7-	R. Karl
11	**Trianon** (N°11)			*(altes Schwertner-Projekt)*
12	**Käsefee**		9+/10-	F. Eigler *(8a, gefinkelt)*
13	**Ikarus** (Papa Pia)		7+	R. Habich
14	**Piazriß**		6+	L. Brückner
15	V: **Rechter Einstieg**		6-	*(clean)*
16	**Dachlriß** (N°10)		7-	R. Mühe oder R. Karl
17	**Stahlwerk**		8-/8	U. Butschbacher
18	**Schmierseife**		7	U. Butschbacher
19	**Rechte Rampe**		4	
20	V: **Direkter Einstieg**		5-	*(clean)*

1 Schriesheim – F. Sektor Ikarus

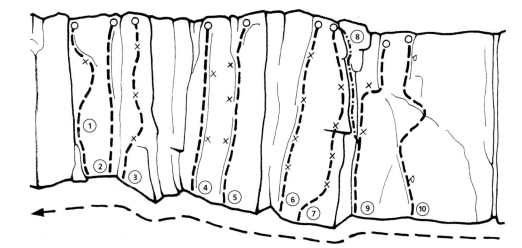

1	**Ikarus**	5		
2	**TV-Weg**	3+	*(clean)*	
3	**Black Velvet**	6-		
4	**Genau so**	7+	*(nur Fingerriss)*	
	V: **mit Verschneidung**	6		
5	**No Mercy**	7/7+	J. Fischer	
6	**Hart aber Herzlich**	6+/7-	C. u. W. Scholz *(ohne Verschneidung)*	
	V: **mit Verschneidung**	6		
7	**Looser Einheitsweg**	7	Pierre Richard	
8	**Schnösel**	6-	M. Mayer	
9	**Grauenvoll**	6-/6	J. Fischer, K. Stefanski	
10	**Dream of hard Rock**	7-	L. Krupitschka, M. Pflüger *(brüchig)*	

Ausrüstung zum Wandern, Zelten, Bergsteigen, Klettern und Radfahren.
Zuständig für Unternehmungen zwischen 0 und 8850 Metern!

Georg-August-Zinn-Str. 90
- Medic-Center -
64823 Gross-Umstadt
fon/fax 06078-71066/72066
www.horizonte-gross-umstadt.de

HORIZONTE ...

... hat das Zeug zum Aktivurlaub !

1 Schriesheim – G. Big Dog

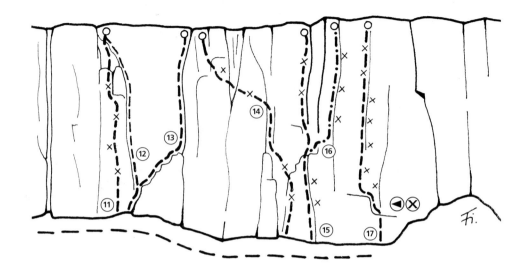

11	Chorus Line	7+	K. Stefanski, E. Barnert, J. Fischer
12	Märchenprinz	6+/7-	J. Fischer *(TR)*
13	Nix guat		*(clean)*
14	Schwerkraft	7-	E. Gnädinger
15	Reifenverschneidung	7	R. Karl
16	Reifenvariante	7+	E. Gnädinger *(für Kleine schwerer)*
17	Big Dog	8+	R. Koch, R. Mühe, frei: M. Pfleger

Aktuelle Regelung – Zugang nur vom Sektor „Piazriß", auf dem dargestellten, ausgebauten Pfad. Klettern nur innerhalb der gekennzeichneten Bereiche. Kein Aussteigen, Umlenkhaken benutzen.

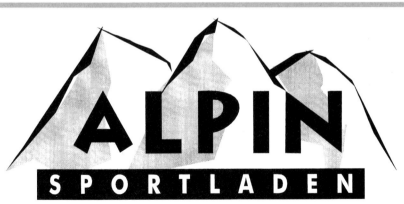

1 Schriesheim – H. Sektor Choucou

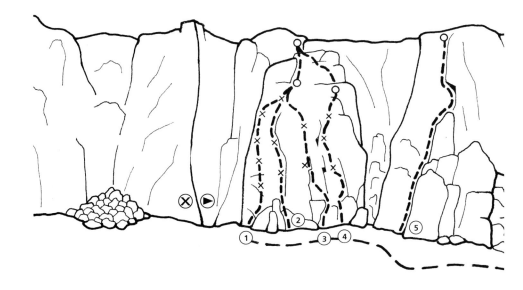

1	**Choucou**	**7+**	S. Schwertner
	V: **ohne linke Kante**	**8**	S. Schwertner
2	**Romeo**	**7**	S. Schwertner
3	**Wunschkind**	**6+/7-**	S. Schwertner
4	**Julia**	**6**	S. Schwertner
5	**Scharfes Messer**	**5+**	M. Mayer, J. Fischer *(clean)*

Aktuelle Regelung – Zeitlich befristeter Kletterverzicht aus Vogelschutzgründen möglich (Infotafeln beachten). Nur die dargestellten, ausgebauten Pfade benutzen. Klettern nur innerhalb der gekennzeichneten Bereiche. kein Aussteigen, Umlenkhaken benutzen.

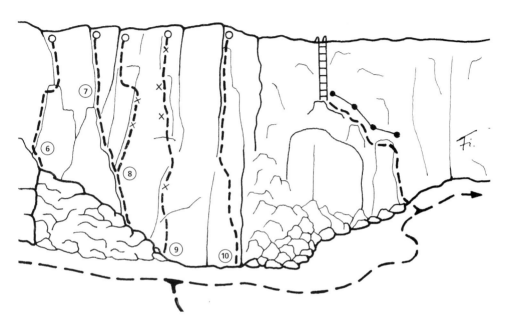

6	**Broken Hero**	5	*(clean)*
7	**Schotterpiste**	5-	H. Gerwens *(clean)*
8	**Alles Paletti** (Nirwana)	5-	R. Karl *(Rocks!)*
9	**Big Wall**	4+	R. Karl
10	**Keilerei**	4+	M. Mayer *(clean, gefährlich brüchig)*

Klettersteig

1 Schriesheim – I. Sektor Offhand

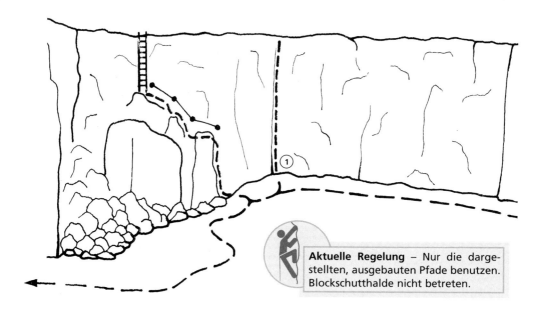

Aktuelle Regelung – Nur die dargestellten, ausgebauten Pfade benutzen. Blockschutthalde nicht betreten.

Klettersteig

1	**Kurzweil**	3-	(clean)	
2	**Offhand**	7		
3	**Numerus Clausus**		M. Mayer	
4	**Klein aber oho**	8	W. Flögel	
5	V: **Rechter Einstieg**	7-		
6	**"2"**	6		
7	**Feuerzange**		M. Mayer	
8	**Alter Pfeiler**	6	(clean)	
9	**Nußknacker**			

1 Schriesheim – K. Sektor Mannheimer

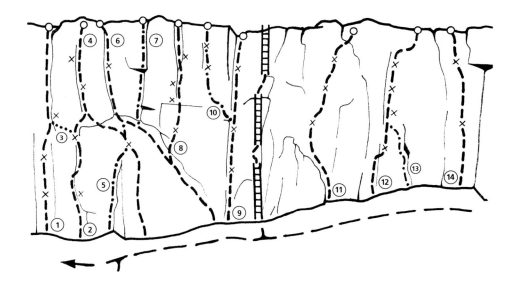

1	Pinocchio	7-	
2	Karneval	6-	
3	V: **Faschingsausstieg**	4	*(Rocks!)*
4	Überhängender Riß	5	
5	V: **Linker Einstieg**	3	*(clean)*
6	Faustriß	4	
7	Mutriß	6+	*(clean, immer noch brüchig)*
8	Uwes Tour	6+/7-	*(mit Kante: 6-)*
9	Wild	6-/6	R. Habich
10	V: **Rastaman**	6+	*(üblicher Ausstieg)*

Klettersteig

11	Traumfrau	5-	N. Walheim
12	Mannheimer	5-	R. Habich
13	V: **Rechter Einstieg**	6-	*(clean, dreckig)*
14	Fledermaus	5+	

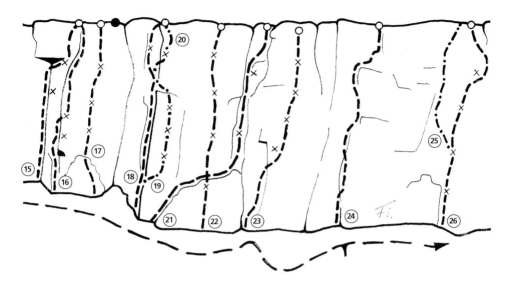

15	**Dachl**	5	L. Brückner
16	**Hero of the day**	7+	M. Mayer, A. G.v.Zedtwitz
17	**Speedy Gonzales**	8+	A. Flögel
18	**Traumkante**	6-	R. Habich *(KK!)*
19	V: **Plattenvariante**	6+	R. Habich
20	V: **Rechter Ausstieg**	6-	R. Habich
21	**Via Classica** (N°6)	3	Luis Trenker
22	**Zacka**	7-	R. Habich
23	**Lustmolch**	5+	M. Mayer, A. G.v.Zedtwitz
24	**Pullefutz** (N°7)	4+	*(clean)*
25	**Per Definitionem**	6	
26	**Helga**	4+	R. Habich

Aktuelle Regelung – Nur die dargestellten, ausgebauten Pfade benutzen. Blockschutthalde nicht betreten.

1 Schriesheim – L. Sektor Cassin

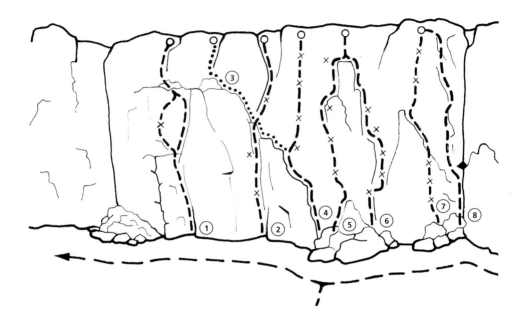

1	**Henkelpfeiler** (N°5)	**2+**	(clean)
2	**Steger**	**6-**	R. Habich
3	**Friesenglück**	**5**	Otto Waalkes
4	**Gonda**	**6+**	R. Habich
5	**Tissi**	**6**	R. Habich
6	**Geburtstagweg**	**6+**	R. Habich
7	**Power**	**7+**	R. Habich (Rock 4 und 5)
8	**Cleanex**	**5**	R. Habich (clean)

Aktuelle Regelung – Zeitlich befristeter Kletterverzicht aus Vogelschutzgründen möglich (Infotafeln beachten). Nur die dargestellten, ausgebauten Pfade benutzen. Klettern nur innerhalb der gekennzeichneten Bereiche. Kein Aussteigen rechts vom *Henkelpfeiler*, Umlenkhaken benutzen.

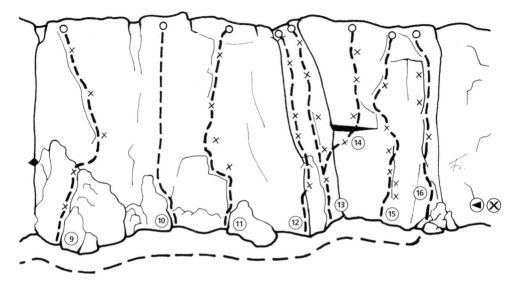

9	**Helmut-Nix-Ged.Weg**	5	R. Habich
10	**Mauerläufer**	6-/6	R. Habich
11	**Cassin**	6-	R. Habich
12	**Wilzkante**	6+/7-	J. Wilz
13	**Blutige 4** (Schiefe Ebene)	5+	R. Karl
14	**Cool Fool**	6	M. Mayer, J. Fischer
15	**Comici**	6+	R. Habich
16	**Petra**	5	R. Habich

1 Schriesheim – M. Sektor Schinderhannes

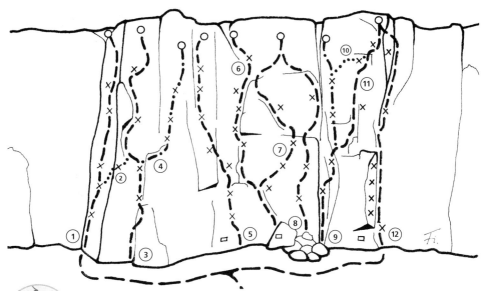

Aktuelle Regelung – Nur die dargestellten, ausgebauten Pfade benutzen. Klettern nur innerhalb der gekennzeichneten Bereiche. Kein Aussteigen, Umlenkhaken benutzen.

1	Verschneidung	5+	L. Brückner
2	V: **Komm rüber**	5	
3	**Berg Heil**	6-	R. Habich
4	**Blondinentraum**	7+	M. Mayer
5	**Bärenkralle**	7-	R. Habich
6	**Villa Kunterbunt**	6-	Pippi Langstrumpf
7	**Schinderhannes**	6-	R. Habich
8	**Na und…!**	6+	R. Habich
9	**Muffensause**	6+	R. Habich
10	V: **Originalquergang**		R. Habich
11	**Gruselstory**	6+	R. Habich
12	**Sven-Höppner-Ged.Weg**	6	R. Habich

Jochen`s Bergsport

IHR PARTNER BEI IHREN UNTERNEHMUNGEN

Geschäftsaussenstelle der DAV Sektion Hanau
DAV

TEL.: (0 60 51) 5 31 51
FAX.: (0 60 51) 47 26 23
WWW.JOCHENSBERGSPORT.DE - INFO@JOCHENSBERGSPORT.DE

BERLINER STR. 15
63571 GELNHAUSEN

KLEINE FLUCHTEN
Outdoor Trekking Klettern Wandern Freizeit

Zeltausstellung
Kostenloser Katalog
Kompetente Beratung

Magdalenenstr. 3, Darmstadt, Nähe Uni

Tel.:06151/717289 Fax 719210 Mo-Fr 10°°-19°° Sa 10°-16°°

1 Schriesheim – N. Sektor Mama Mia

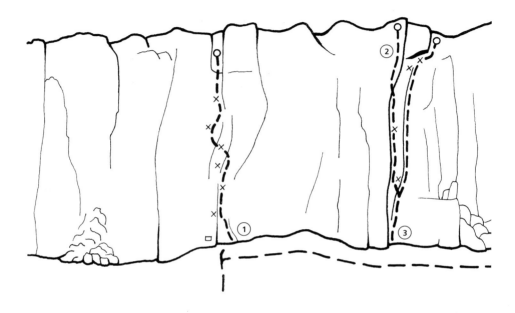

1	**Andreas-Frank-Ged.Weg**	6	R. Habich
2	**Große Kante**		Grautvornix *(brüchig)*
3	**Riesenverschneidung**	6/6+	R. Habich *(KK!, brüchig)*

Aktuelle Regelung – Nur die dargestellten, ausgebauten Pfade benutzen. Klettern nur innerhalb der gekennzeichneten Bereiche. Kein Aussteigen, Umlenkhaken benutzen. (Gilt auch für den Bereich O. Sektor Alpenjodler!)

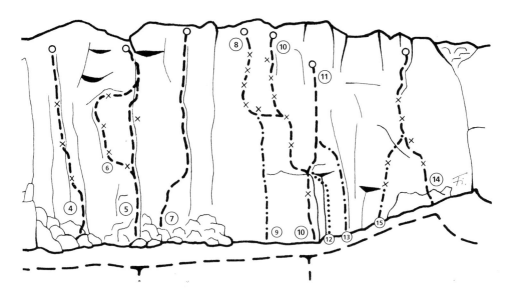

4	**Klamottenwand**		(KK!, teilweise brüchig)
5	**Genußverschneidung** (N°8)	4	R. Mühe (Rocks!)
6	V: **Umleitung**	7-/7	J. Fischer, K. Stefanski
7	**Wilder Derwisch**	6	M. Mayer (TR, unten brüchig)
8	**Dificilisimo**	8-/8	M. Mayer, A. G.v.Zedtwitz
9	V: **Direkter Einstieg**	7-	M. Mayer (etwas splittrig)
10	**Mama Mia**	7-	W. & A. Flögel
11	**Trotzkopf**	6-	J. Fischer, K. Stefanski (TR, splittrig)
12	V: **Direkteinstieg**	6-	J. Fischer, K. Stefanski (TR)
13	V: **Rechter Einstieg**	6-	M. Mayer (TR)
14	**Fee**	7-	B. Walheim
15	V: **Elfeneinstieg**	7-	M. Mayer, A. G.v.Zedtwitz

1 Schriesheim – O. Sektor Alpenjodler

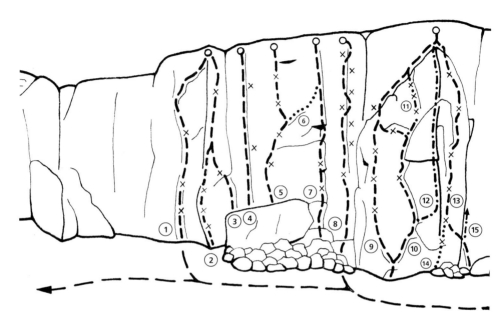

1	King Ralf	7-	M. Mayer, A. G.v.Zedtwitz, D. Schröder
2	Strong Shit	7+	M. Mayer, A. G.v.Zedwitz
3	Dossenheimer Weg	6+/7-	R. Habich (1995 Felsausbruch)
4	Heidelberger Weg (Via Kathleen)	6 (?)	(1995 Felsausbruch)
5	The Beast	9-/9	A. G.v.Zedtwitz
6	V: Traurig aber Wahr	8/8+	M. Mayer (clean)
7	Zugluft	8	M. Pfleger (Friends & KK!)
8	Wolfgang-Güllich Ged.-Weg	7/7+	R. Habich
9	Primadonna	7-	W. & A. Flögel
10	Alpenjodler mit Götterquergang	5+	R. Karl
11	V: Direktausstieg	6-/6	R. Karl
12	Topline	7/7+	Wer nun? (TR)
13	Clou	7-	R. Habich
14	V: Superclou	7+/8-	M. Reuther (TR)

Achtung! Der Pfeiler mit den Routen 1-3 ist latent einsturzgefährdet!!

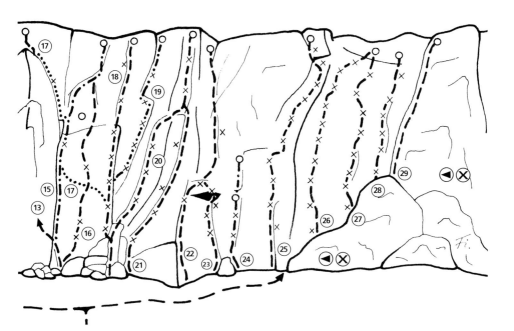

15	Piazriß	5-	R. Karl *(clean)*
16	Direkte Platte	6+/7-	A. Flögel
17	Platte	5-	R. Karl *(oben Schlinge)*
18	Reinhard Karl	6+/7-	R. Habich
19	Abi on Sight	7+	M. Mayer
20	Himmelsleiter	6+	R. Habich
21	Harmonia	6	R. Habich
22	Brücknerkante (N°5)	6-	L. Brückner
23	V: **Dachvariante**	8-	L. Spuler
24	Terrorist	7-	M. Mayer, A. G.v.Zedtwitz
25	Carina	6-/6	R. Habich *(oben etwas splittrig)*
26	Doktor mit dem Hammer	9	M. Reuther
27	Stella	8	M. Reuther
28	Jabadabadu	6+/7-	R. Habich
29	Schriesheimer Weg (N°4)	4	

2 Riesenstein

Der Königstuhl, der sich, gekrönt durch den Sendemast des SDR, fast 500 Meter über Heidelberg erhebt, durfte einen wichtigeren Beitrag zur Entwicklung des deutschen Bergsteigens leisten als die Zugspitze. Auf den steilen Pfaden zu seinem Gipfel holte sich nämlich Reinhard Karl, oft angespornt durch japsende Mitläufer, seine viechische Kondition, die ihn schließlich auf den Gipfel des Mount Everest befördern sollte. Aber auch den Felskletterern half der Königstuhl, wieder Anschluß an das internationale Niveau zu finden.

Häufig waren Reinhard und sein Seilkamerad Richard Mühe bei ihren Trainingsläufen an den bemoosten Brocken des Riesensteins vorbei gekeucht, ohne sie wirklich wahrzunehmen. Ein gemeinsamer Aufenthalt im Yosemite ließ die beiden dann unter der Vegetation die Gestalt eine Superboulders erkennen. Besonders Richard widmete der Entzauberung des Prinzen viel Energie. Dies machte sich dann 1978 bezahlt, als ihm als erstem Deutschen überhaupt in den USA die Bewältigung von Routen des Schwierigkeitsgrades 5.12 (9) gelang. Viel von seiner Kraft, Kontrolle und Geschicklichkeit hat Richard an den zugleich kniffeligen wie auch anstrengenden Problemen des Riesensteins entwickelt.

Auch als Richard in der jüngeren Vergangenheit begann, seine Aufmerksamkeit eher auf das Innenleben der Erde als auf deren steinige Kruste zu lenken, blieb er an der alpinistischen Erschließung der Königsstuhl-Nordflanke führend beteiligt. Um das Jahr 1984 hatte Alexander Heep oberhalb der Gigantenquacken eine gut zwanzig Meter hohe Wand aus „bombenfestem" Sandstein entdeckt und für seine Mitkletterer nutzbar gemacht. Allerdings nur für die mit den keilförmigen Unterarmen, denn von den Routen, die Alexander Heep, Richard Mühe und Sebastian Schwertner sowie Frank Neuberger und Thomas Wecker durch den Abbruch legten, ist keine leichter als 6+.

Lage	Das Klettergebiet Riesenstein befindet sich direkt oberhalb der Heidelberger Altstadt, im Nordhang des 375 m hohen Gaisbergs.
Anfahrt	**per Auto:** Vom Autobahnkreuz Heidelberg die A 656 direkt nach Heidelberg hinein und geradeaus weiter der Bergheimer Straße folgen, bis zur 4. Ampel. Dort rechts in die Mittermaierstraße abbiegen und gegenüber vom Bahnhof nach links in die Kurfürsten-Anlage. Diese, über Römerkreisel und Adenauerplatz, immer gerade aus, durch den Gaisberg-Tunnel hindurch. Hinterm Tunnel an der 1. Ampel rechts abbiegen in die Klingenteichstraße, und in Serpentinen den Berg hinauf. Kurz nach der 4. Kehre (= Linkskehre) zweigt im spitzen Winkel der Johannes-Hoops-Weg rechts ab. Zum Riesenstein I gelangt man nach ca. 400 Metern, wo man rechts am Beginn eines Forstweges (Schranke) parkt, der nach ca. 300 m zum Objekt der Kletterleidenschaften führt. Folgt man der Straße hingegen ein Stück weiter, so befinden sich in der Linkskurve einige Parkmöglichkeiten vor dem Steinbruch Riesenstein II.

Anfahrt   **per Bus und Bahn:** Mit der Bundesbahn zum Hauptbahnhof Heidelberg. Von dort per Bus (BRN 7022, OEG 33 und 11) Richtung Altstadt, bis zur Haltestelle Friedrich-Ebert-Platz. Zu Fuß den direkt bei der Haltestelle beginnenden Weg (Steintreppe) hinauf bis zum ersten Querweg und diesen links zum Riesenstein I. Oder weiter bergauf, zum zweiten Querweg und diesen nach links zum Johannes-Hoops-Weg, auf dem man linkshaltend, nach wenigen Metern zum Riesenstein II gelangt.

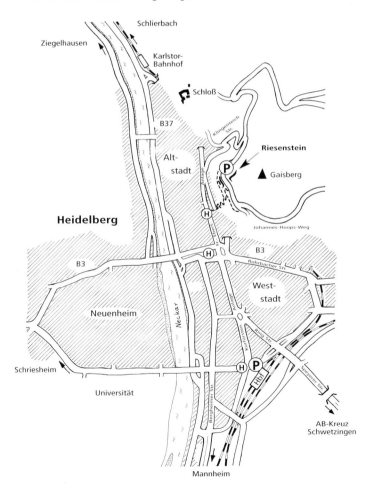

2 Riesenstein I

Charakter Mit Ausnahme der drei schweren Routen ganz rechts handelt es sich am Massiv um ungesicherte und meist nicht absicherbare Klettereien von Bouldercharakter, deren Schwierigkeiten zwischen 3 und 8 liegen. An der bis zu 9 m hohen Massivwand, die allgemein guten, festen Sandsteinfels aufweist, gibt es ca. 20 Klettereien, inklusive eines langen Boulderquergangs, der sich beliebig definieren und variieren läßt.
Die beiden vorgelagerten Boulderblöcke bieten über 30 Möglichkeiten von 4+ bis 8+ in bester Felsqualität. Zahlreiche weitere Möglichkeiten, die sich per Definition, Variation und Kombination ergeben, sind der Kreativität des/der Einzelnen überlassen, oder fragen Sie jemanden, der sich damit auskennt, die Locals helfen gern.

Regelungen Das Klettern an der Massivwand ist nur innerhalb des gekennzeichneten Bereiches erlaubt. Zum Schutz der Felskanten ist das Aussteigen zu unterlassen. Die somit erforderlichen Umlenkhaken werden demnächst angebracht. An den Boulderblöcken und der Massivwand, die als Naturdenkmal ausgewiesen sind, dürfen weder Haken angebracht noch irgendwelche „Modellierungen" vorgenommen werden. Solches hat schon zu Entrüstungsstürmen bei der Heidelberger Naturschutzbehörde geführt. Diese hat auch das Magnesia-Verbot verhängt; zum Trocknen des Handschweißes soll ja auch Holzstaub gute Dienste leisten.

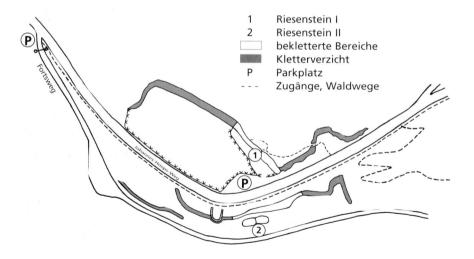

Eric Barnert bouldert am Riesenstein (8+)

2 Riesenstein – Riesenstein I

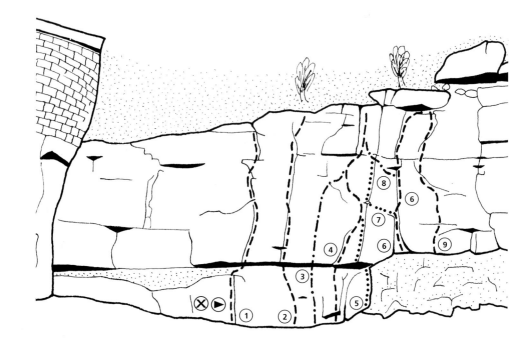

1	Leichter Riß	3+
2	Genießer Wandl	4+
3	Plattentango	6-
4	Crossroads	5
5	Direkte Kante	6/6+
6	Rapunzel	5+
7	Untere Hangel	6-
8	Obere Hangel	
9	Rumpelheinz	4+
10	Linke Platte	6-/6
11	Mittlere Platte	6-/6
12	Dachkantenquergang	6+
13	Direkte Platte	7-/7
14	Rechte Platte	6+
15	Großer Riß	6
16	Rechte Wand	8
17	Hangelquergang	6+

Alle Routen wurden von H. Greiner erstbegangen.

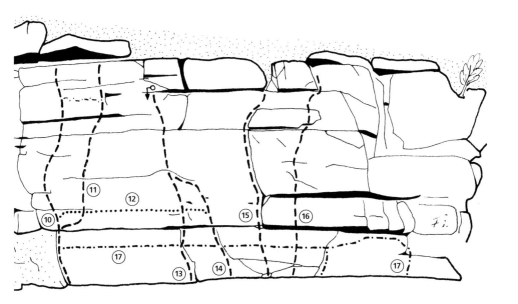

18	**Der Zauberer** S. Schwertner	8-
19	**Colorado Wall** M. Eckel	8+/9-
20	**Flash Gordon** R. Mühe, frei: F. Eigler	9+

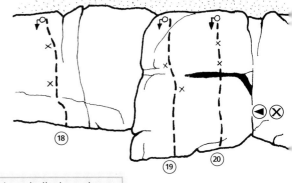

 Aktuelle Regelung – Klettern nur innerhalb der gekennzeichneten Bereiche. Kein Aussteigen, Umlenkhaken benutzen.

2 Riesenstein – Riesenstein I

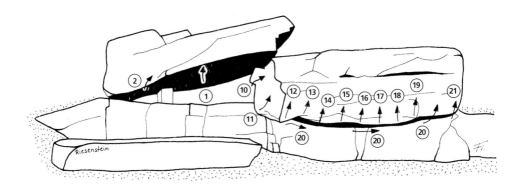
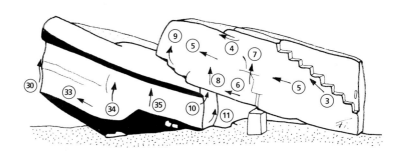
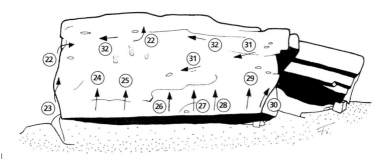

Treppenblock

1	Do something hard	8+
2	Hangel	7 *TR*
3	Treppenhangel	6
4	Obere Hangel	
5	Mittlere Querung	6-
6	Untere Querung	
7		7+
8		8-
9	Südostkante	7

Westblock

10	Nordostseite	6-
11	Nordostseite	6
12	Nordostkante	7-
13		7-
14		7+
15		8-
16		7+
17		7
18		7
19		8-
20	Gorillahangel	8+
21	Smith-Overhang	7+
22	Schleife	7
23	Südwestkante	4+
24		B1
25		7-
26		4+
27		5-
28		7
29		5-
30	Südostkante	6
31	Wandquergang	8-
32	Oberer Quergang	
33	Dachkante	
34	Mittlere Ostseite	
35	Rechte Ostseite	

Aktuelle Regelung – Magnesia-Verbot

2 Riesenstein – Riesenstein II (Kakerlakenwand)

Charakter Senkrechte Wandklettereien, überwiegend an kleinen Leisten und Lettenlöchern, in einem ehemaligen Steinbruch von 7 bis 17 m Höhe. Der kompakte Sandstein ist von hervorragender Qualität. Von den gut 20 Routen zwischen 6- und 9 sind einige stark definiert; die erlaubten beziehungsweise unzulässigen Felsstrukturen müssen bei den Locals erfragt werden, in der Regel sind aber die Griffe und Tritte der Nachbarrouten tabu. In puncto Absicherung läßt sich überhaupt nicht meckern, da alle Routen mit soliden Bohrhaken und Umlenkungen ausgestattet sind.

Regelungen Klettern ist nur innerhalb des vorderen, umzäunten Wandbereiches erlaubt. Der hintere, linke Wandteil ist gesperrt, ebenfalls die Abbrüche entlang der Straße. Die freigegebenen Ausstiege (A) aus der Steinbruchwand sind auch über den gekennzeichneten Pfad zu erreichen bzw. zu verlassen. Ansonsten gilt Ausstiegsverbot und Benutzung der Umlenkhaken. Der Zugang über den oberen, geteerten Weg ist unzulässig.

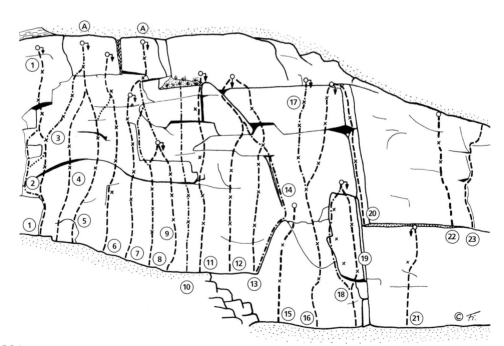

#	Name	Grade	Notes
1	Kriegstheorie	6+	A. Heep *(ehemals 8+)*
2	V: Linksvariante		*clean*
3	Kuckucksei	6-	A. Heep
4	Wie es Euch gefällt	8-	*(je nach Definition bis 9)*
5	Sahara	7-	K. Gängel
6	High Society	7	A. Heep; weggeschnappt: S. Schwertner
7	Khoumeini	7+	A. Heep *(ohne Kante!)*
8	Techno	8	A. Heep *(definiert: direkt über die Haken)*
9	Direkter Wald-Wacker-Kakerlaken-Weg	7-	A. Heep, F. Neuberger ("WüWü"), T. Wecker
10	La Cucaracha	8	T. Schöll *(definiert; oben: Friend 1.5)*
11	Kakerlakenhocker	6+	F. Neuberger ("WüWü"), T. Wecker Ausstieg (ab "Sitzecke"): A. Heep
12	Papi on Flight	7+	A. Heep
13	G.I. Joe	6	A. Heep *(ohne Kante: 7-)*
14	Via Classica	6-	A. Heep
15	Supersoft	4+	M. Mayer
16	Teamwork	8	R. Mühe, A. Heep
17	Fingerberster	9-	R. Mühe *War vor der seltsamen Leistenvergrößerung schwerer (9)*
18	No Foot Man	7-	M. Reinfrank
19	Insect Connection	6	A. Heep *(ohne Kante: 7-/7)*
20	Fallen Angel	6-	A. Heep
21	Lockerungsübung	6+	
22	Dachlweg	8	A. Heep
23	Anfängerweg	3	*clean*

Aktuelle Regelung – Klettern nur innerhalb der gekennzeichneten Bereiche. Kein Aussteigen, Umlenkhaken benutzen. Ausstieg an den mit „A" gekennzeichneten Routen erlaubt.

3 Ziegelhausen

Lage	Östlich von Heidelberg, im bewaldeten Nordhang des Neckartales. Die Steinbrüche befinden sich westlich und östlich des nur wenig neckaraufwärts von Ziegelhausen einmündenden Bärenbachtales, oberhalb der Straße nach Kleingemünd.
Anfahrt	**per Auto:** Von Heidelberg auf der nördlichen oder südlichen Neckarseite nach Ziegelhausen.
	Um **Ziegelhausen I und II** zu erreichen, biegt man an der Abzweigung „Ziegelhausen-Ost" ab und parkt dort in der Kleingemünder Strasse, auf die man unmittelbar trifft.
	Zum Gebiet **Ziegelhausen III** gelangt man, wenn man noch ca. 700 m weiter in Richtung Kleingemünd fährt, bis kurz vor das ehemalige Gasthaus „Bärenbach", wo sich linksseitig ein Parkplatz befindet. Eine weitere Parkmöglichkeit für Ziegelhausen III besteht bei der Quelle „Löwenbrunnen" gegenüber vom Neckarwehr.
	per Bus und Bahn: Mit der Bundesbahn zum Heidelberger Hauptbahnhof. Von dort mit diversen Bus-Linien durchs Neckartal nach Ziegelhausen hinein (Haltestelle: Kleingemünder Strasse), beziehungsweise zum Schlierbacher Bahnhof, den man auch mit der Neckartalbahn erreicht. Von dort zu Fuß über die Neckarbrücke nach Ziegelhausen hinein, wo man auf die Kleingemünder Strasse trifft.
Zugang	Wird beim jeweiligen Gebiet beschrieben.
Regelungen	Werden beim jeweiligen Gebiet beschrieben.
Gastronomie	Empfehlenswert ist das italienische Restaurant in der Ortsmitte von Ziegelhausen, wo man den Klettertag draußen unterm Sonnenschirm ausklingen lassen kann.

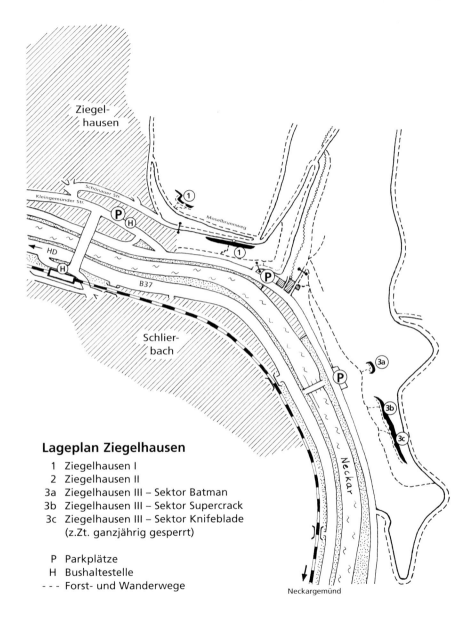

Lageplan Ziegelhausen
1 Ziegelhausen I
2 Ziegelhausen II
3a Ziegelhausen III – Sektor Batman
3b Ziegelhausen III – Sektor Supercrack
3c Ziegelhausen III – Sektor Knifeblade
   (z.Zt. ganzjährig gesperrt)

P Parkplätze
H Bushaltestelle
- - - Forst- und Wanderwege

3 Ziegelhausen – Ziegelhausen I

Lage s. Seite 68

Anfahrt s. Seite 68

Zugang Auf der Kleingemünder Straße Richtung Ortsmitte, bis rechts die Schönauer Straße abzweigt. Dieser folgend gelangt man nach ca. 600 m zu einer Schranke. Vor der Schranke links den Waldgrenzweg hinauf, dann rechts dem Moselbrunnweg zu den beiden Wänden folgen, die sich unmittelbar am Wegrand befinden. Oder, hinter der Schranke ca. 400 m gerade weiter, bis kurz vor der Wegbiegung ins Bärenbachtal ein Horizontalweg (Moselbrunnweg) wiederum 400 m nach links zu den beiden unmittelbar am Weg liegenden Felsen führt. Alternativ kann auch der deutlich längere Zugang über die geteerten Forstwege des Bärenbachtales erfolgen, dann empfiehlt sich der Parkplatz kurz vor dem ehemaligen Gasthof „Bärenbach".

Charakter Senkrechte Wandklettereien an Leisten, Löchern und Seitgriffen in festem Sandsteinfels. Die zwischen 7 und 10 m hohen Routen weisen Schwierigkeiten von 6+ bis 8+ auf. Nach Regenfällen sind die beiden Wändchen relativ schnell wieder trocken, da sie hoch am Hang in der Sonne und weitgehend frei stehen. Die Absicherung ist solide, auch wenn diese z.T. aus rostüberzogenen älteren Ringen und einigen Normalhaken besteht. Eine Sanierung von Zwischenhaken sowie das Anbringen fehlender Umlenkhaken ist vorgesehen und soll baldmöglichst durchgeführt werden.

Regelungen Die Benutzung der Umlenkhaken ist zwingend (Ausstiegsverbot), um die oberhalb der Felskanten sich befindende Vegetation nicht zu schädigen und im eigenen Interesse einer eventuellen Erosion vorzubeugen, damit die Routen nicht durch Sand und Humus verdreckt werden.

Anfang der achtziger Jahre geisterte ein Phantom durch den alpinen Blätterwald: der „Supercrack of Highdelberg". Von einem zwei Meter überhängenden Riß, wie mit einem Laserstrahl in den eisenfesten Fels geschnitten, konnte der staunende Bergblattabonnent da lesen. Gutinformierte Felsfans projizierten unwiderstehliche Bilder von sonnenüberfluteten Sandsteinmonolithen der Canyonlands an die oft nebelverhangenen Waldhänge des Neckartals. Nun, die Fermeda im Battert ist auch kleiner als ihre Namensgeberin in den Dolomiten und die Cassin in Schriesheim hat mit der Nordwand der Westlichen Zinne auch nur den Namen gemeinsam. Da hält unser Supercrack, der oberhalb der Schokoladenfabrik bei Ziegelhausen schön beschattet im Wald liegt, den Vergleich mit seinem Vetter im fernen Utah schon eher aus.

Wer den parallelkantigen Superriß schon vorgestiegen ist, wie es Richard Mühe 1980 erstmals tat, wird nach 25 m Dauerpowereinsatz im Senkrecht bis Überhängenden froh sein, daß es so nicht noch drei Seillängen weitergeht. Die drei Ziegelhausener Sandsteinbrüche waren im Odenwald damals das „modernste" Klettergebiet. Die Erschließer, hier sind besonders Gunter Beil, Stephan Dahm, Heiner Habel, Richard Mühe und Detlev Schwarz hervorzuheben, haben Wert darauf gelegt, mit einem Minimum an fixen Sicherungen auszukommen. Wer also nicht gewöhnt ist, Rißspuren mit Mikronuts abzusichern, oder wer seinen Friend nur ungern unter den Sohlen der Kletterschuhe entschwinden sieht, sollte lieber die Finger von Wegen wie Little Bastard, Knifeblade oder Bohrmeiselverfluchtergehrausdusau lassen, wenigstens im Vorstieg (Anm.: die genannten Routen sind derzeit gesperrt).

Mitte der 80er Jahre ließen sich dann auch Sepp Gschwendtner und Wolfgang Güllich im Neckartal blicken und probierten sich damals vergeblich am großen Dach von Ziegelhausen II. Erst Thomas Kammereck gelang viele Jahre später die Durchkletterung des weit ausladenden, für den Odenwald einmaligen und spektakulären Riesendaches. Die Crux von Jackel & Hide lauert nach 4½ anstrengenden, horizontalen Metern an der Dachkante und hat bis jetzt noch jeden Aspiranten auf eine Onsight-Begehung das Fluchen gelehrt. Ob dem Thomas auch das benachbarte, fiese Rißdach zuzuschreiben ist, konnte bisher noch nicht ermittelt werden.

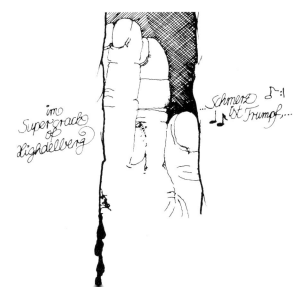

3 Ziegelhausen I

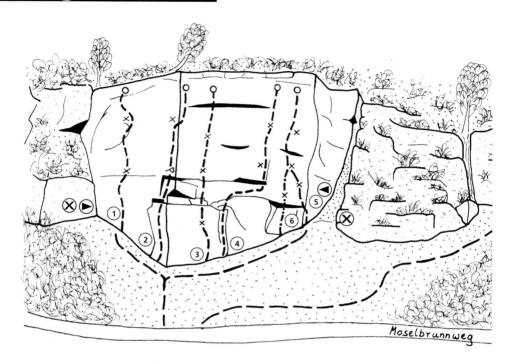

1	Fliegerwandl	7-/7	
2	Südwestkante	6+	J. Wilz
3	Bauchtanz	9-	U. Butschbacher
4	Ambulanz 3	7/7+	J. Wilz
5	Feierabendboulder	8/8+	U. Butschbacher
6	V: **Bouldereinstieg**	8+	

Aktuelle Regelung – Nur die dargestellten Pfade benutzen. Klettern nur innerhalb der gekennzeichneten Bereiche. Kein Aussteigen, Umlenkhaken benutzen.

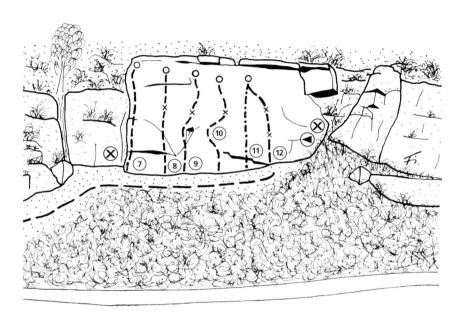

7	**Südwestkante**	5	M. Mayer
8	**Brechreiz**	8+	Th. Wolf
9	**Babyficker**	9-	Th. Wolf
10	**Nostalgie**	7+	R. Mühe
11	**???**	8+	T. Schöll *(TR)*
12	**Pontius Pilatus**	7+	Th. Wolf *(Einstiegsreibung)*

3 Ziegelhausen – Ziegelhausen II

Lage	s. Seite 68
Anfahrt	s. Seite 68
Zugang	**a)** Vom unteren Ende der Kleingemünder Strasse an der Neckarstrasse zu Fuß weiter bis nach dem letzten grossen Grundstück links ein schmaler Fußpfad in den Wald hineinführt. Auf diesem, der Beschilderung folgend, unter die Wand. **b)** Vom Parkplatz vor dem ehemaligen Gasthaus „Bärenbach", den beginnenden Forstweg (Schranke) ein kurzes Stück hinauf, dann links auf einem steilen Steig in den Wald hinein und auf dem hangparallelen Pfad, zum Schluß rechts (beschildert) steil bergan zum Fels.
Charakter	Vielfältige Klettereien bis 20 m Höhe an geneigten kompakten Platten, senkrechten Wänden, durch Verschneidungen und über Dächer mittels Leisten, Löchern und Rissen. Meist fester, teilweise absandender Sandstein. Die Durchkletterung des weit ausladenden, für den Odenwald einmaligen Riesendaches (8+) erfordert einiges an Kraftreserven. Die 11 Routen weisen Schwierigkeiten von 5+ bis 9- auf. Der hohe und dichte Baumbestand, oberhalb und vor den Wänden, spendet ordentlich Schatten und läßt die Wände nur langsam abtrocknen. Die Absicherung erfolgt zum Teil an älteren, mit Rost überzogenen Ringen und Normalhaken, die in den schwierigeren, schlecht selbst absicherbaren Routenbereichen angebracht wurden. Ein Sortiment an Keilen und insbesondere Friends sollte unbedingt mitgeführt werden. Die Sanierung von Zwischenhaken sowie das Anbringen fehlender Umlenkungen wird demnächst durchgeführt.
Regelungen	Die Routen im Bereich des großen Daches (gekennzeichnet) sind freigegeben. Vormals gab es insgesamt 13 weitere Routen in den Wandbereichen rechts und links des großen Daches, die per Allgemeinverfügung vom 27.08.1997 gesperrt wurden.

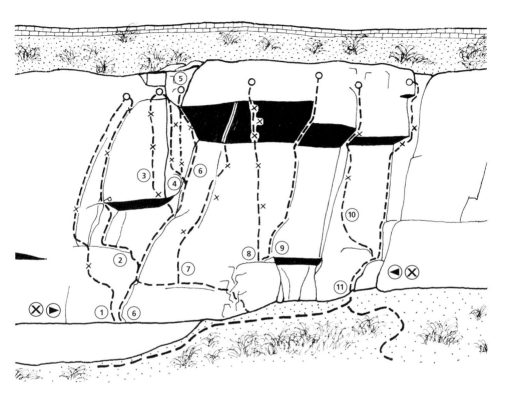

1	Siddartha	7-	H. Habel
2	Kickstarter		
3	Heiße Braut	9- (?)	
4	Boschhammer	7/7+	D. Schwarz
5	V: **Direkter Boschhammer**	8+	H. Habel
6	Jahrundtagdach	7-	
7	Open End		
8	Jackel & Hide	8+	T. Kammereck
9	Tarzan	ca. 5+ *(clean)*	
10	Teach me the Tango	9-/9 *(Friends)*	
11	Ruckzuck	6+	D. Schwarz

Aktuelle Regelung
– Nur die dargestellten, ausgebauten Pfade benutzen. Klettern nur innerhalb der gekennzeichneten Bereiche. Kein Aussteigen, Umlenkhaken benutzen.

Erstes öffentliches Freigehege für Ameisenlöwen in Ziegelhausen II

Wahrscheinlich haben sich manche von Euch schon gewundert, warum neuerdings in Ziegelhausen II ein käfigartiges Gebilde einen Routeneinstieg ziert. Das ist schon merkwürdig - in der Tat! Vergeblich zerbrachen sich schon einige namhafte Köpfe dieselben. Des Rätsels Lösung hört auf den Namen "Ameisenlöwe". Was, Löwen in Ziegelhausen?? Und da Löwen bekanntlichermaßen in unseren Breiten nicht so ohne weiteres herumlaufen dürfen (wo kämen wir denn da hin!), hat die Beschäftigungsgesellschaft "Werkstatt e.V." im Auftrag des Amtes für Umwelt und Naturschutz ihnen ein Freigehege gebaut. Es wäre ja auch jammerschade, wenn aus scheinbar ungeklärten Gründen ein Kletterer nach dem anderen in den von den Ameisenlöwen eigens angefertigten Trichterkatakomben verschwinden würde. Dann würde man allerdings vielleicht endlich auf die bedrohte Spezies des Homo sapiens climbiensis aufmerksam werden. Und damit eben diese Bedrohung nicht ganz so akut wird, ist man zur Abwechslung mal richtig rührend um das Wohlergehen der Kletterer bemüht. Finde ich toll!

Also: Es gibt keinen Grund zur Massenhysterie; der Ameisenlöwe sitzt hinter Gittern, wir Kletterer sind vor den schmerzhaften Kieferzangenübergriffen geschützt, und alle sind rundum zufrieden, wenn nicht... ja, wenn nicht da der nicht ganz von der Kletterhand zu weisende Gedanke wäre, wann die ersten Naturschützer stimmen ihr Lied über die unwürdigen Zustände der Ameisenlöwenhaltung erklingen lassen werden...

Was ist Wahrheit, was ist Täuschung? Diese Frage habt Ihr nun sicherlich mit so manchem großen Meister gemeinsam. Tatsache ist, daß zum Schutz des Ameisenlöwen (also der Larve der Ameisenjungfer) eine Art Käfig zwischen Wandfuß und Fels errichtet wurde. Dies gewährleistet den ungestörten Trichterbau der Larve und damit Sicherstellung von Nahrungsquellen, die durch Abrutschen direkt zwischen deren Kieferzangen geraten. Tatsache ist auch, daß hier offensichtlich eine Annäherung der Belange von Naturschutz und Klettern stattgefunden hat. Man hätte ja auch den gesamten Steinbruch sperren lassen können (wie so oft!). Aber so dürfen wir weiterhin unserem Hobby frönen, und der Ameisenlöwe kann sein architektonisches Meisterwerk zum Zwecke der Nahrungsbeschaffung ohne Trittschäden verwirklichen. Bleibt nur zu hoffen, daß nicht irgendwann menschliche Heerscharen zu den unter Denkmalschutz stehenden Wunderwerken pilgern, sonst wird am Ende der Steinbruch doch noch gesperrt!

Gabi Viemann

Der Ameisenlöwe

Ameisenlöwen nennt man die Larven der Netzflüglerfamilie der Ameisenjungfern (Myrmeleontidae). Die erwachsenen Insekten ähneln einer Libelle mit langem schmalen Körper und schmalen Flügeln, die bei europäischen Arten bis 10 cm spannen können. Sie sind Dämmerungstiere, die abfliegen, wenn sie tagsüber gestört werden. Bevorzugte Gebiete sind warme, trockene Areale.

Interessanterweise sehen die Larven völlig anders aus als das adulte Stadium (s. Bild), es muß also eine vollständige Umentwicklung stattfinden (Holometabolie). Die Larven graben trichterförmige Krater in lockerem Sand, an deren Grund sie eingegraben auf Beute lauern, so daß nur die Kiefer herausragen. Insekten rutschen an den Trichterseiten nach unten, wobei der Ameisenlöwe durch Sandwerfen nachhilft, und geraten zwischen die Kiefer. Ameisen sind eine sehr häufige Beute (Name!), aber auch andere Insekten und Spinnen, die von den großen Kieferzangen zermalmt werden.

In Deutschland steht die Familie der Myrmeleontidae (Ameisenjungfern) unter besonderem Schutz!

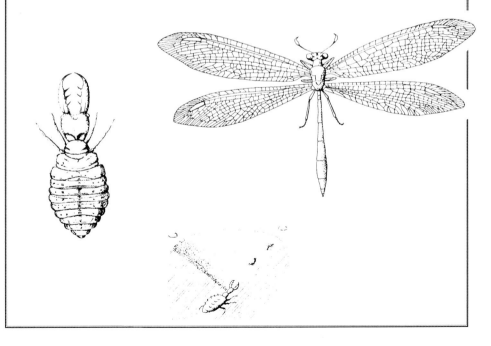

3 Ziegelhausen – Ziegelhausen III

Lage	s. Seite 68
Anfahrt	s. Seite 68
Zugang	Von der Bushaltestelle in der Kleingemünder Strasse in Ziegelhausen zu Fuß am Neckar weiter, am Parkplatz vorbei, zum Beginn des Bärenbachtales. Dort den hinter den Häusern (Mauer) beginnenden Bärenbach-Talweg hinauf, bis wenige Meter hinter der Schranke ein Waldweg im spitzen Winkel nach rechts abzweigt. Diesem ca. 250 m folgen – hierhin auch direkt über einen steilen Fußpfad, der nach wenigen Metern, am Ende der Mauer, zunächst über Stufen, rechts hinauf führt – und dann links auf einem sanft emporführenden Waldweg weiter, dem man bis unter die Felswände folgt. Vom Parkplatz am „Löwenbrunnen" auf dem dort beginnenden Fußpfad nach Norden bis zur Wegbiegung, wo der oben genannte, leicht bergaufführende Waldweg im spitzen Winkel abzweigt.
Charakter	Die 10 bis 30 m hohen Sandsteinwände bieten überwiegend senkrechte Wand- und Rißklettereien in meist bester Gesteinsqualität. Finger- und Handklemmer, sowie ausreichend Kraft für schmale Leisten und Löcher verhelfen zum Erfolg. In den Sektoren „Batman" und „Supercrack" gibt es etwa 40 Routen zwischen 5+ und 9+ (überwiegend 6 bis 8+). Mit 40 weiteren Routen wartet der Sektor „Knifeblade" auf. Wegen der durchwegs hohen Schwierigkeiten ist Ziegelhausen kein Gebiet für Anfänger. Die Absicherung ist recht unterschiedlich. Einige Routen sind noch mit alten Rostgurken bzw. ebensolchen Ringen und Bohrhaken spärlicher bestückt oder auch gar nicht. Das Anbringen von Klemmkeilen und Friends sollte daher sicher beherrscht werden, eine gute Moral kann ebenfalls nicht schaden. Andere Routen wiederum erfreuen sich solide blinkender Bohrhaken, neuerer Ringe und damit größerer Beliebtheit. Aufgrund der Steilheit ist der Fels nach Regenfällen nur in wenig Bereichen naß, trocknet dort aber auch wegen der hohen, dicht stehenden Bäume nur langsam ab, was wiederum einen gewissen Vergrünungseffekt mit sich bringt.
Regelungen	Seit Oktober 1992 sind die Steinbrüche von Ziegelhausen III als Naturschutzgebiet „Ehemaliger Buntsandsteinbruch an der Neckarhalde" ausgewiesen. Durch einen Einspruch der AG Odenwald konnte die vorgesehene Totalsperrung zwar abgewendet werden, jedoch besteht eine Klettererlaubnis nur im vorderen westlichen Bereich, für die Sektoren „Batman" und „Supercrack", vom 1. August bis zum 31. Januar. Der weiter hinten liegende Sektor „Knifeblade" ist derzeit (1998) ganzjährig gesperrt.

Russenstein

Fährt man am nördlichen Ufer des Neckars von Heidelberg in Richtung Ziegelhausen, so findet sich, kurz hinter dem Ortsausgangsschild, linkerhand ein alter Gedenkstein. Er erinnert an den Tod des Russen Joseph Pernewitsch, der dort im Jahre 1815 im Dienste seines Herrn verstarb. Man sollte kaum für möglich halten, daß kaum 30 Meter von hier entfernt, versteckt hinter dschungelartigen Rebenranken, die schwersten Kletterzüge des Odenwaldes auf den warteten, der da konnte.

Den „Rüsselstein", wie die Felsgruppe liebevoll verballhornend genannt wird, entdeckte Hermann Kühn in den sechziger Jahren. Zusammen mit seinem Alpinzögling Reinhard Karl durchstieg er auch die „leichtesten" Führen, die mit dem "Mooswändel" immerhin schon den oberen sechsten Grad erreichten. Aber auch hier war es vor allem Richard Mühe, der herausfand und uns zeigte, was alles (geradenoch?) menschenmöglich ist. Es kann angenommen werden, daß in der Südpfalz niemals „Im Westen nichts Neues" passiert wäre und auch der „Albatros" schwerlich vom Boden abgehoben hätte, lägen nicht diese unansehnlichen Granitquacken am Rande der Universitätsstadt im Gebüsch.

Nach zähem Widerstand ging am 27. August 1997, unser vielgeliebter, wertvoller alter Freund, der

RUSSENSTEIN †
(25 Kletterrouten, Bouldergebiet)

an den Biotopschutz verloren. Die zahlreichen Stunden in seiner trauten Umgebung und seine Bedeutung für die Entwicklung des Klettersports werden unvergessen bleiben. Möge er in Frieden ruhen und sein Fels noch lange Heimstatt für Pflanzen und Tiere sein.

3 Ziegelhausen III – Sektor Batman

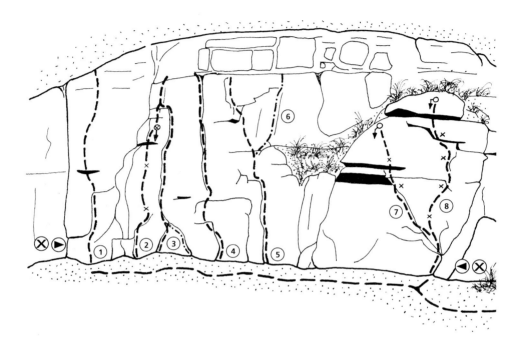

1	**Alpina**		*TR (einsturzgefährdet)*
2	**Pfeilerwand**	**8+**	J. Hermann *(Friend 5)*
3	**Piazriß**	**7**	*(clean)*
4	**Zauberverschneidung**		*(clean)*
5	**McRed**		*(clean)*
6	V: **Rechter Ausstieg**		*(clean)*
7	**Schlappenkönig**	**7**	J. Hermann
8	**Batman**	**7-**	J. Hermann
9	**Volle Pulle**	**7+**	J. Hermann

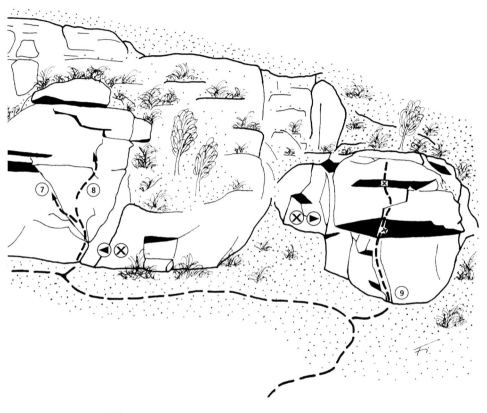

 Aktuelle Regelung – Kletterverbot vom 01.02. - 31.07. jeden Jahres. Nur die dargestellten, ausgebauten Pfade benutzen. Klettern nur innerhalb der gekennzeichneten Bereiche. Kein Aussteigen, Umlenkhaken benutzen.

3 Ziegelhausen III – Sektor Supercrack

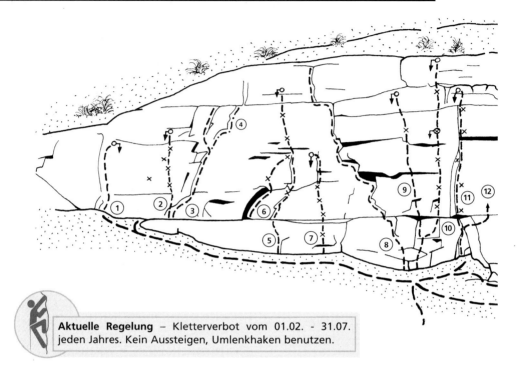

Aktuelle Regelung – Kletterverbot vom 01.02. - 31.07. jeden Jahres. Kein Aussteigen, Umlenkhaken benutzen.

#	Name	Grad	Erstbegehung
1	Schrubber		
2	**Basic Instinct**	9/9+	1. RP: A. Gerber *(ohne Frevelgriff)*
3	**Cracker**		*(clean)*
4	V: **Rechter Ausstieg**		*(clean)*
5	**Last Trip to Tulsa**	7	J. Hermann, A. Wenner
6	V: **Linker Einstieg**		
7	**Geronimo**	8	Th. Wolf (TR), 1. RP: J. Hermann *(ohne geschlagenen Griff: 9-)*
8	**Große Verschneidung**	5+	*(clean, brüchige Stelle in der Mitte)*
9	???		*(altes Projekt)*
10	**Griff ins Klo** *(oben Projekt)*	9	S. Schwertner *(bis zum 4. Haken)*
11	**Schinderhannes** *(Hakenriß: VII/A1)*	8+/9-	frei: R. Karl (TR), 1. RP: M. Werner
12	???	8+	*(soll schwerer sein)*

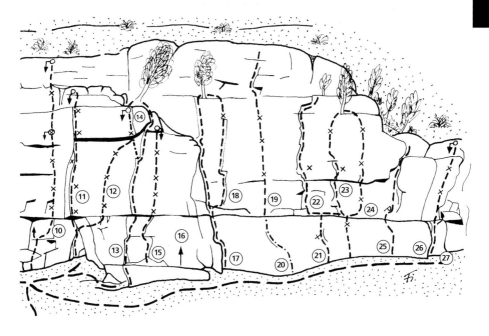

13	**Supercrack of Highdelberg**	7	R. Mühe *(clean; Friends, Rocks)*
14	V: **Linker Ausstieg**	8+	R. Mühe (TR)
15	**Magic Mama**	8/8+	J. Hermann
16	**???**		*(altes Projekt)*
17	**Zentralverschneidung**		*(clean)*
18	**???**		
19	**???**		
20	**Münchhausen**		*(Direkter Einstieg, Boulder)*
21	**Michael Kohlhaas**	9/9+	R. Mühe *(Boulder, für Kleine schwerer)*
22	**Mittlere Führe**	6-	A. Heep (?)
23	**Vergißmeinnicht**	7-	R. Mühe
24	**Blackout**	7	R. Mühe
25	**Linker Spalt**		
26	**Last Ticket to Australia**	8+	J. Hermann, A. Wenner
27	**Rechter Spalt**	5/5+	
28	**Crashkurs**	8	*(TR)*
29	**Lochkante**	7	*(TR)*

3 Ziegelhausen III – Sektor Knifeblade

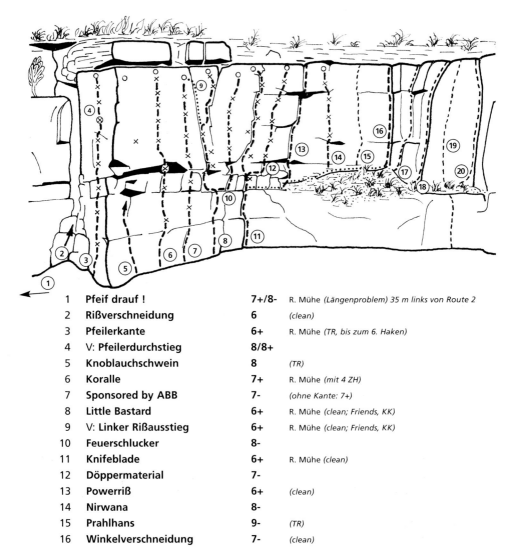

1	**Pfeif drauf !**	7+/8-	R. Mühe *(Längenproblem) 35 m links von Route 2*
2	**Rißverschneidung**	6	*(clean)*
3	**Pfeilerkante**	6+	R. Mühe *(TR, bis zum 6. Haken)*
4	**V: Pfeilerdurchstieg**	8/8+	
5	**Knoblauchschwein**	8	*(TR)*
6	**Koralle**	7+	R. Mühe *(mit 4 ZH)*
7	**Sponsored by ABB**	7-	*(ohne Kante: 7+)*
8	**Little Bastard**	6+	R. Mühe *(clean; Friends, KK)*
9	**V: Linker Rißausstieg**	6+	R. Mühe *(clean; Friends, KK)*
10	**Feuerschlucker**	8-	
11	**Knifeblade**	6+	R. Mühe *(clean)*
12	**Döppermaterial**	7-	
13	**Powerriß**	6+	*(clean)*
14	**Nirwana**	8-	
15	**Prahlhans**	9-	*(TR)*
16	**Winkelverschneidung**	7-	*(clean)*

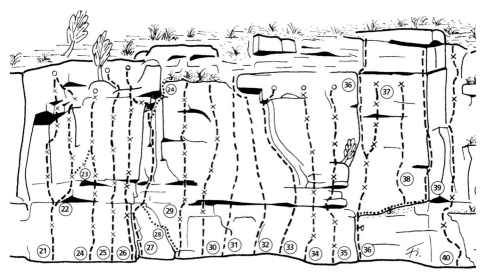

17	Gammler	6	(clean)
18	Partyriß	6	(clean)
19	Vollnarkose	8	(TR)
20	Kinderkram	6-	(clean)
21	Komaverschneidung	6+	
22	Geschisse zu	7+	
23	V: **Verbindungsvariante**		
24	Heidelberger Zement	7+/8-	
25	Dynamo	8	
26	Druckmaschin´	8+	
27	Venusfalle	7-	(Friends)
28	V: **Rechter Einstieg**	5-	(clean)
29	Himmelsleiter	7	
30	Bumerang	7+	
31	Schmittchen Schleicher	7-	(TR)
32	Minotaurus	7-	(TR)
33	Steilkurve	6-	(clean)
34	Heidelberger Run Out	6+	
35	Loch Ness	7-	
36	Rissimo	7	
37	Robbi's Traum	8-/8	
38	Käntlesweg	7+	
39	Schweinepriester	6	(clean)
40	Dreckschleuder	7-	(Friends, Rocks)
41	Lonesome Rider	8	ca. 80 m re. von 40

Aktuelle Regelung – Zur Zeit ganzjähriges Kletterverbot.

4 Stiefelhütte

Die zaghaften unter den Felstigern, die nicht unbedingt wacklige Zwischensicherungen benötigen, um sich eines immer wiedergewonnenen Lebens zu erfreuen, steuern besser gleich die Wände um die Stiefelhütte bei Unterabtsteinach an. Hier hat nämlich die Sektion Weinheim des DAV in selbstlosem Einsatz alle Wege mit solidesten Eisenringen versehen. Die hohe Qualität der Sicherungen führte dann auch dazu, daß gleich zu Beginn der „Neuzeit" fast alle damaligen Wege in einem Nachmittag von Reinhard Karl, Heiner Habel und Nico Mailänder freigeklettert wurden.

Die Nachlese besorgte dann wieder Richard Mühe, indem er die „Erste Verschneidung" und den Einstieg zum „Großen Quergang" ohne den in einem Anfall von geistiger Umnachtung von Reinhard geschlagenen Griff rotpunktete. Der „Nr.sicher-Stil" des Gebiets wurde aber im Jahr 1984 von Mathias Pfleger jäh verletzt. Dessen Beitrag, bezeichnenderweise „Kraftwerk" getauft, läßt nämlich Zweifel aufkommen, noch im schönen Ourewald und nicht im kompromißlosen Derbyshire zu sein. Da erscheint die neueste „Flögelei" seines Vereinskameraden Andy, die sich links der „2. Kante" durch die Wand hinaufblinkt, auf den ersten Blick bedeutend machbarer – ein Eindruck der regelmäßig korrigiert wird.

Vier weitere Jahre dauerte es, bis Florian Eigler die „4. Kante" entzaubern konnte und dabei so manchen Pendler absolvierte. Im darauffolgenden Jahr eröffnete er dann mit „The Wall" die bisher schwierigste Route an der Stiefelhütte. Wem diese zu hart erscheinen sollte sich rechts daneben, am „Fliegenden Odenwälder" versuchen. Ein hohes Maß an psychischer Stärke erfordert das von Florian Schreiber 1992 entdeckte „Mauerblümchen", das seinem Namen aber in keinster Weise Ehre macht.

Leider wurde in letzter Zeit in manchen Routen eine besonders starke „Erosion" von Griffen festgestellt, die wohl kaum auf häufiges Beklettern zurückzuführen ist. Wenn an der Stiefelhütte auch nicht alles echt ist, so sollten wir doch aus den Fehlern der Vergangenheit gelernt haben. Hammer und Meißel sind jedenfalls kein probates Mittel um seinem eigenen Nichtkönnen auf die Sprünge zu helfen, sondern ein peinliches Zeugnis von Unvermögen und Egoismus. Der Einsatz solcher Werkzeuge bedeutet eine irreversible Veränderung der Route. Damit allen Kletterern die ursprünglichen Schwierigkeiten der Routen erhalten bleiben, empfiehlt sich den „Finklern" ein mehr an Training, ansonsten rangieren die Höchstschwierigkeiten des Gebietes bald im 6. Grad.

Sebastian Schwertner in „*Avalon*" (9-) – Stiefelhütte

4 Stiefelhütte

Lage Der ehemalige Steinbruch befindet sich ca. 6 km südlich von Wald-Michelbach, östlich von Unterabtsteinach, am SW-Hang des Heidenbergs (584 m).

Anfahrt **per Auto:** Aus südlicher Richtung über Heiligkreuzsteinach und von Weinheim durch das Gorxheimer Tal nach Unter-Abtsteinach. Im Ort befindet sich auf der bergseitigen Straßenseite, zwischen der Abzweigung ins Gorxheimer Tal und dem südlichen Ortseingang, eine Abzweigung mit Hinweisschild „Sportplatz". Hier abbiegen und der Straße ca. 1 km bis zu einer Rechtskehre vor dem Sportplatzgelände folgen. In der Kehre oder am Sportplatz parken. Auf keinen Fall die Forststraße Richtung Stiefelhütte befahren. Vom Parkplatz über Forstwege, den Hinweisschildern „Stiefelhütte" folgend zum Gasthof und dem dahinter liegenden Steinbruch hinauf.

per Bus und Bahn: Mit der Bundesbahn oder OEG zum Weinheimer Bahnhof und per Bus (BRN 5580) nach Unter-Abtsteinach (Haltestelle „Brücke"). Von dort wenige Meter Richtung Süden und gleich die erste Straße links rein (Hinweisschild „Sportplatz"). In der Rechtskurve vor dem Sportplatzgelände geradeaus weiter, den Schildern „Stiefelhütte" folgend zum Steinbruch.

Charakter Senkrechte Wand-, Kanten- und Verschneidungsklettereien an zumeist kleinen Leisten und Löchern. Der ehemalige Steinbruch ist kein Anfängergebiet, aber bietet Sandstein von bestechender Qualität. Die 10 bis 20 m hohe Wand weist über 30 Routen von 5+ bis 9+ auf, die 1998 saniert und komplett mit Umlenkhaken ausgestattet wurden.

Dank der südseitigen Ausrichtung der Wände handelt es sich um ein gutes Winterklettergebiet. Aufgrund der günstigen Exposition ist der Fels auch nach längeren Regenfällen rasch wieder trocken. Desweiteren weist der linke Wandteil bei ausreichend kalten Wintern einen Eisüberzug auf, der es lohnt mittels Steigeisen und Eisbeilen erstiegen zu werden.

Regelungen Das Aussteigen ist verboten, die vorhandenen Umlenkhaken sind unbedingt zu benutzen. Somit entfällt das Einrichten von Topropes von oben. Es findet sich aber bestimmt immer ein „Freiwilliger", der die Umlenkhaken im Vorstieg erreicht. Der niedrigere Wandbereich, rechts von *Crepuscale* ist gesperrt.

Der Steinbruch befindet sich zum größten Teil auf dem Privatgrund des Eigentümers der „Stiefelhütte". Das Klettern ist nur von $10.^{00}$ bis $18.^{00}$ Uhr (!) gestattet, wobei um 18.00 Uhr das Feld bereits geräumt sein muß. Die Nutzer der in unmittelbarer Nachbarschaft gelegenen Wochendhäuser wollen abends und morgens ihre Ruhe haben. Um dieses Übereinkommen nicht zu gefährden, sind Lärm und Hinterlassenschaften von Müll sowie das Klettern außerhalb der genannten Zeiten unbedingt zu unterlassen.

Gastronomie Nach Tagesabschluß (18.⁰⁰ Uhr) oder bei überraschenden Wetterumschwüngen bietet das Gasthaus „Zur Stiefelhütte" ein gemütliches Ambiente um den Kalorienbedarf durch Verzehr von Kaffee und Kuchen oder vorzugsweise auch dem hausgemachten Fruchtwein wieder zu decken.

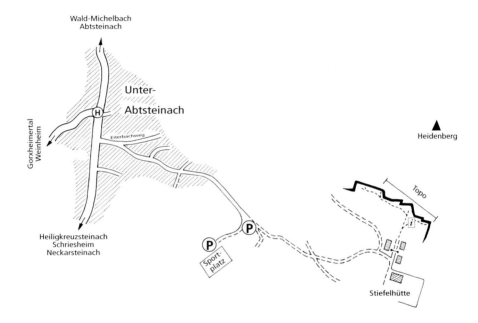

Waldgaststätte Stiefelhütte

Inhaber: Doris Hechler

69518 Unter-Abtsteinach – Tel. 06220/1466

550 m ü. M. – Ideale Raststätte für Wanderer und Spaziergänger – Hüttenbetrieb

Donnerstag Ruhetag

4 Stiefelhütte

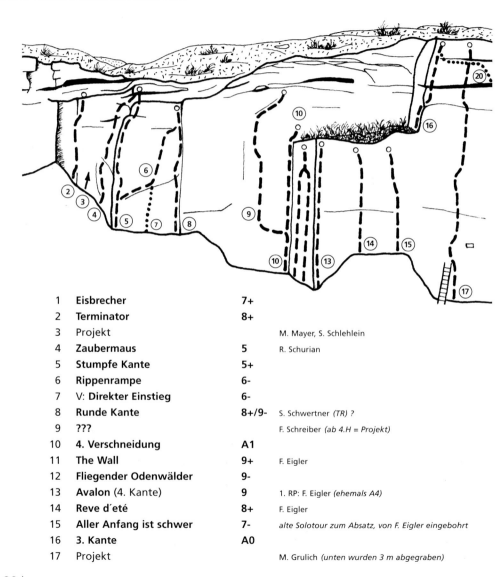

#	Name	Grad	Erstbegeher
1	**Eisbrecher**	7+	
2	**Terminator**	8+	
3	Projekt		M. Mayer, S. Schlehlein
4	**Zaubermaus**	5	R. Schurian
5	**Stumpfe Kante**	5+	
6	**Rippenrampe**	6-	
7	V: **Direkter Einstieg**	6-	
8	**Runde Kante**	8+/9-	S. Schwertner *(TR)* ?
9	???		F. Schreiber *(ab 4.H = Projekt)*
10	**4. Verschneidung**	A1	
11	**The Wall**	9+	F. Eigler
12	**Fliegender Odenwälder**	9-	
13	**Avalon** (4. Kante)	9	1. RP: F. Eigler *(ehemals A4)*
14	**Reve d´eté**	8+	F. Eigler
15	**Aller Anfang ist schwer**	7-	alte Solotour zum Absatz, von F. Eigler eingebohrt
16	**3. Kante**	A0	
17	Projekt		M. Grulich *(unten wurden 3 m abgegraben)*

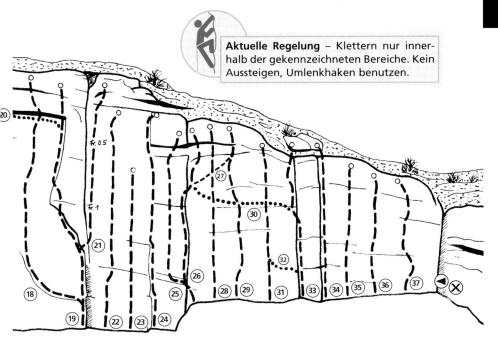

Aktuelle Regelung – Klettern nur innerhalb der gekennzeichneten Bereiche. Kein Aussteigen, Umlenkhaken benutzen.

#	Name	Grad	Erstbegeher
18	???	9-/9	M. Grulich, 1. RP. F. Schreiber
19	Große Verschneidung	8-	
20	Dachquergang	A0	
21	Mauerblümchen	8+	F. Schreiber (Fr. 1 und Fr. 0.5)
22	Kraftwerk	8/8+	M. Pfleger
23	Gelangweilte Kids	8	S. Schwertner (unten gefinkelt)
24	Stumpfe Verschneidung	8-	
25	Flögelei	8	A. Flögel
26	2. Kante	7+	H. Habel
27	V: Querverbindung	7	
28	Windowpane	8-	(definiert)
29	Große Wand	7-	R. Karl
	V: Ohne Frevelgriff	8	R. Mühe
30	Großer Quergang	7+	frei: N. Mailänder
31	Homo Homini Lupus	9-	Th. Wolf
32	V: mit rechten Einstieg	8-	Th. Wolf
33	1. Verschneidung	7+	R. Karl
34	1. Kante	6+	R. Karl
35	Reality on the Rocks	8/8+	M. Mayer
36	Go Big or go Home	ca. 9-	M. Mayer
37	Crepuscale	8+	F. Eigler

5 Jakobswand

Der Steinbruch Jakobswand ist Eigentum der DAV-Sektion Weinheim und komplett erschlossen. Sowohl den Vereinsmitgliedern als auch der kletternden Allgemeinheit ist der Steinbruch aus haftungsrechtlichen Gründen nur zu den nachfolgend genannten Öffnungszeiten zugänglich, die von Mitte März bis Ende Oktober gelten:

Dienstag und Donnerstag	17.00 bis 21.00 (zwischen Feierabend und Marktplatzbesuch)
Samstag	13.30 bis 17.30 (zwischen Mittagessen und Sportschau)
Sonntags	10.00 bis 14.00 (zwischen Frühstück und Formel 1)

Zu diesen Zeiten steht ein Betreuer der sektionseigenen Klettergruppe als Ansprechpartner zur Verfügung, bei dem bei Bedarf auch die erforderliche Ausrüstung ausgeliehen werden kann (Gebühr: 5,00 DM). Es besteht Helmpflicht(!). Ein (Un-)Übersichts-Topo hängt im Steinbruch aus, Probleme bei der Routenfindung können jedoch mit dem Betreuer erläutert werden. Ohne Schwierigkeiten läßt sich hingegen der Klettersteig ausmachen, der beeindruckend durch den steilsten Wandbereich führt.
Als zusätzliches Schmankerl gibt es einen 10 m hohen Kletterturm mit 90 m^2 Fläche, der etwa 15 Routen von 4 bis 7+ aufweist, per Definitionem geht's an diesem natürlich auch schwerer. Für die Nutzung des Turms haben Nichtmitglieder eine Gebühr von 10,00 DM zu entrichten.

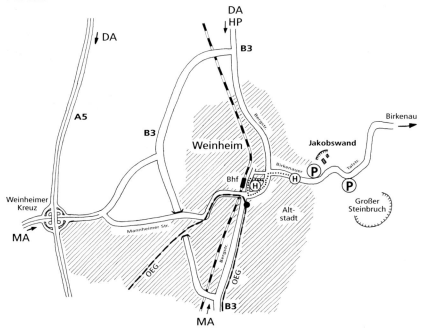

Lage	Die Jakobswand liegt versteckt, direkt am östlichen Ortsrand von Weinheim, gegenüber vom großen Porphyr-Steinbruch, in der Nordseite des Birkenauer Tales.
Anfahrt	**per Auto:** In Weinheim der Ausschilderung „Birkenau" (B 38) folgend ins Birkenauer Tal. Direkt hinter dem Ortsschild links durch eine Einfahrt mit Tor auf den kleinen Parkplatz (Vorsicht: gefährliche Ein- und Ausfahrt). Alternativ bietet sich, nur wenige 100 Meter weiter, der in einer Linkskurve liegende Parkplatz auf der rechten Straßenseite an.
	per Bus und Bahn: Mit der Bundesbahn oder der OEG zum Bahnhof Weinheim. Von dort mit dem Bus (Linien 5522, 5523, 5580) Richtung Birkenau, zur Haltestelle „Weinheim-Petersplatz". Zu Fuß noch ca. 500 m weiter, bis man unmittelbar hinter dem Ortsschild durch eine Einfahrt zum Steinbruch gelangt.
Zugang	Vom Parkplatz auf dem sich anschließenden Weg maximal 100 m geradeaus weiter zum Vereinsgelände mit dem Steinbruch.
Charakter	Alpin anmutende Wand-, Kanten- und Verschneidungsklettereien an Leisten, Auflegern und Seitgriffen. Der ehemalige Granit- und Porphyr-Steinbruch ist daher nur teilweise für Anfänger geeignet, hingegen erfreut sich der Klettersteig größter Beliebtheit. Allein die beträchtliche Wandhöhe von 25 bis fast 60 Meter macht die Durchsteigung einer der bis zu 4 Seillängen betragenden 15 Routen und ihren zahlreichen Varianten zwischen 4 und 8- reizvoll. Einige Technos sind auch vorhanden. Nach Regenfällen ist die Wand schnell wieder trocken. Die eingelagerten, abschüssigen Bänder laden trotz der guten Absicherung nicht gerade zum Stürzen ein, so daß etwas Moral nicht schaden kann. Von wenigen Ausnahmen abgesehen sind die Routen mit soliden Ringen in angenehmen Abständen und Umlenkungen der Marke Eigenbau ausgestattet.
Gastronomie	Zum Après-Climbing eignet sich hervoragend der Weinheimer Marktplatz. Wer nicht so weit laufen mag, für den findet sich auch schon vorher was, spätestens am Dürreplatz.

5 Jakobswand – Routenliste (Auswahl)

1	Linke Sonnenplatte	6-
2	Direkte Sonnenplatte	6
3	Sonnenplatte	5+
4	Sonnenriß	5-
	V: Direktvariante	5+
5	Pfeiler	A
	V: Ausstieg	4-
	V: Mathias' Tour	6
6	Hakenrassel	A
7	Schwarzes Wändchen	4+
	V: Direktausstieg	7
8	Klettersteig	
9	Große Verschneidung	7-	*(1.SL: 7-, 2.SL: 4+, 3.SL: 6)*
	V: Originaleinstieg	5+
	V: Plattenvariante	6
	V: Direkt zum Überhang (Platte)	6-/6
	V: Linker Ausstieg	3+
10	Rampe	5+	*(1.SL: 5, 2.SL: 4+, 3.SL: 4+, 4.SL: 5+)*
	V: Rechtsvariante	2	*(Querung zu Route 11)*
	V: Linksvariante	4+
	V: Großer Block, links	5-
	V: Großer Block, direkt	6+
11	Überhang	A	*(1.SL: 6-, 2.SL: 4+, 3.SL: 5+, 4.SL: 4)*
	V: 1. Rechtsvariante	5-
	V: 2. Rechtsvariante	5+
12	3-Haken-Tour	5	*(1.SL: 4, 2.SL: 5, 3.SL: 5, 4.SL: 4)*
	V: Linker Einstieg	6-
	V: Rechtsvariante	4	*(umgeht den 1. Standplatz)*
	V: Direkter Ausstieg	6-
13	Touristenweg	4+	*(1.SL: 3, 2.SL: 4, 3.SL: 3, 4.SL: 4)*
	V: Direkter Touristenweg	5	*(Blockumgehung: 4)*
	V: Linker Ausstieg	4+
14	Große Querung	4
15	Boulder-Riß	5+

Zwingenberg 6

Der Klettergarten bei Zwingenberg verdankt seine Existenz, ähnlich wie die „Stiefelhütte", der Mühe und dem Geld, die eine Alpenvereinssektion in einen aufgelassenen Steinbruch investierte. Ansonsten wäre das Granitamphittheater mit seinen bis zu 50 m hohen Wänden allenfalls bedeutend als Kulisse für die Saufgelage, die im dortigen Pavillion regelmäßig absolviert werden. Vor allem war es der damals fast sechzigjährige Alois Wiltschek, der, unterstützt von der Jugend der Sektion Karlsbad, mit Brecheisen, Bohraggregat und Farbtopf daran ging, das was vorher allenfalls für Eigernordwandaspiranten interessante Steilgelände in einen der zivilisiertesten Klettergärten Deutschlands zu verwandeln. Es ist tragisch, daß es ausgerechnet einem um die Sicherheit seiner Mitmenschen so besorgten Erschließer wie Alois Wiltschek bestimmt war, mit seinem Kameraden zusammen in den Tod zu stürzen.

Seit der stürmischen Erschließungsphase scheinen die Wände über dem Renommierfachwerkstädtchen in eine Art Dornröschenschlaf gefallen zu sein. Zwar wurden Anfang der 80er Jahre fast alle Wege von auswärtigen Routenräubern frei begangen, danach konnte die Prinzessin jedoch ungestört weiterpennen, denn die einheimischen Kämpen übersahen ihre Blößen und Vorzüge. Mit „Tila Lila" (7) begann dann das Erwachen unserer Märchenmaid und bald sah man Latexbehoste auch in der „Roten Führe" (9-) herumfingern. Allerdings waren die Meldungen widersprüchlich, wie weit sie wirklich gekommen sind.

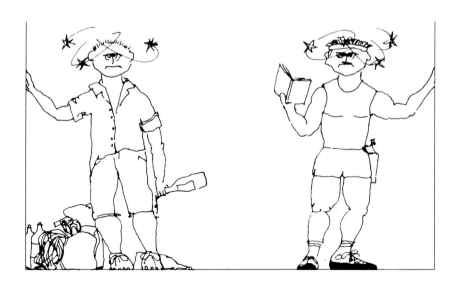

6 Zwingenberg

Lage Unmittelbar oberhalb der Zwingenberger Altstadt, in der Westflanke des Melibokus (517 m).

Anfahrt **per Auto:** Auf der A 5 zur Anschlußstelle Zwingenberg und diese abfahren Richtung Bensheim-Auerbach. Nach ca. 600 m links ab Richtung Zwingenberg und zur B3. Auf der B3 im Ort nach Norden (links) und nach ca. 400 m rechts in den „Wetzbach" (Ausschilderung „Jugendherberge"). Diesen hinauf bis zum Blütenweg und dort oder bereits unten im Ort parken. Vom Ende des „Wetzbach" auf dem Blütenweg nach Süden (rechts) und dann links den Brunnenweg hinauf, in wenigen Minuten zum Steinbruch.

per Bus und Bahn: Mit der OEG nach Weinheim (Haltestelle Bahnhof) und von dort mit dem Bus (RMV 5504) die B 3 über Heppenheim und Bensheim nach Zwingenberg (Haltestelle Löwenplatz). Von Darmstadt gelangt man über Seeheim-Jugenheim mit der gleichen Bus-Linie ebenfalls hierher. Mit der Bundesbahn kann man den Bahnhof Zwingenberg auch direkt ansteuern. Von dort zu Fuß durch die Bahnhofstraße bis zur B 3, rechtshaltend nach wenigen Metern, auf der gegenüberliegenden Straßenseite, in den „Wetzbach". Diesen bis zu seinem Ende bergan, den Blütenweg nach rechts und dann links den Brunnenweg hinauf zum Steinbruch.

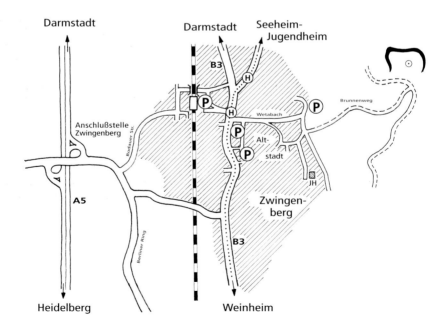

Charakter Der ehemalige, bis zu 40 Meter hohe Granitsteinbruch weist insgesamt etwa 25 Routen und Varianten, mit Schwierigkeiten zwischen 2 und 9 auf. Es handelt sich dabei um meist anspruchsvolle Wand- und Plattenklettereien in hervorragend festem Gestein. Aufgrund der südseitigen Exposition trocknet der Fels rasch wieder ab und bietet auch in der kälteren Jahreszeit ausreichend Klettervergnügen.

Regelungen Für diesen, gerade auch für den Anfänger, attraktiven und wichtigen Steinbruch wurde 1993, im Rahmen der Ausweisung des Naturschutzgebietes „Orbishöhe von Auerbach und Zwingenberg", ein ganzjähriges, uneingeschränktes Kletterverbot erlassen. Jegliche eingereichten Widersprüche, unter anderem beim Regierungspräsidium Darmstadt, blieben damals erfolglos. Anschließend wurden die Haken in einer medienwirksamen Aktion vom THW abgeflext, wobei die so schützenswerte Vegetation im Bereich der oberen Kante deutlich leiden mußte und zum Teil sogar abbrannte. Somit ist das Klettern in diesem Gebiet zur Zeit weder möglich noch erlaubt.

Ende 1997 wurde vom hessischen Landesausschuß für Klettern und Naturschutz Antrag auf Novellierung der Schutzgebietsverordnung gestellt. Im Zuge der Antragsbearbeitung steht nun eine Überprüfung der naturschutzfachlichen Notwendigkeit der verhängten Totalsperrung an. Diese wurde damals verordnet, da sich im oberen Wanddrittel ein (räumlich begrenztes) Felsband mit schützenswerten Pflanzenarten befindet, die desweiteren auch oberhalb der Steinbruchkante beziehungsweise an den Routenausstiegen angetroffen wurden. Mit dem Antrag wurde dem Regierungspräsidium in Darmstadt ein Regelungs- und Zonierungsvorschlag unterbreitet, der die naturschutzfachlichen Gegebenheiten berücksichtigt und eine Freigabe zur naturschonenden Bekletterung der meisten Routen einfordert. Im nachfolgenden Topo ist die vorgeschlagene Regelung des Klettersports dargestellt. Mit ersten Ergebnissen der beantragten Überprüfung ist erst 1999 zu rechnen. Jegliche Kletteraktivitäten sind unbedingt zu unterlassen, um die Verhandlungen nicht zu gefährden.

Gastronomie Diverse gastliche Stätten finden sich in den kleinen Gassen der sehenswerten Altstadt von Zwingenberg und entlang der B 3 sowie in deren Seitenstraßen gegenüber der Altstadt. Wer es noch lauschiger liebt bringt sich sein Würschtl selber mit und nutzt die Grillhütte im Steinbruch.

6 Zwingenberg

#	Name	Grade
1	**Zwillingsriß** *(clean)*	7/7+
2	**Babblöffel**	7+
3	**Staubtour** (grau)	5/5+
4	**Tila Lila**	7-
5	V: **Dachquergang**	7-
6	**Plattenschuß** (blau)	8-/8
7	V: **Verbindungsverschneidung**	6-
8	**Fingertanz**	7-
9	**Kraftweg**	6+
10	**Zwingenberger Pfeiler** (gelb)	6+
11	**Außenseiter**	6-
12	**Hakenrassel** (rot)	9-
13	**Kamikaze** (*(altes Projekt)*)	
14	**Mannheimer Riß**	7-
15	**Grüne Route** (grün)	5
16	**Myrzik-Variante**	
17	**Schwarze Route** *(schwarz)*	5-
18	**Plattenweg**	3-
19	**Linke Platte**	5-
20	**Rechte Platte**	5
21	**Direkte Platte**	5+
22	**Riß** (braun)	5
23	**Bohrloch**	7
24	**Weiße Kante**	4-
25	**Weiße Verschneidung** *(weiß)*	4+

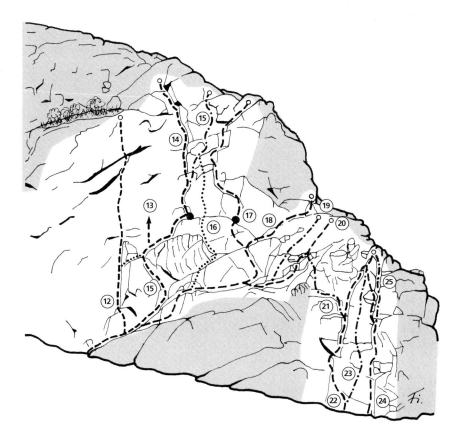

Aktuelle Regelung – Zur Zeit ganzjährig gesperrt (Naturschutzgebiet). Vorgeschlagene Regelung: Kein Ausstieg über die obere Kante und auf das große Band (Anbringung von Umlenkhaken). Befestigung von Wegen zur Erosionseindämmung und Verringerung der betretenen Fläche. Die ökologisch sensiblen Bereiche (grau) sollen unbeklettert bleiben.

7 Hohenstein

An schönen Frühsommertagen führt sich der Hohenstein bei Reichenbach bisweilen auf, wie der Affenfelsen im Frankfurter Zoo. Schorsch Blitz lag gar nicht so falsch, als er schon Mitte der 50er Jahre feststellte: „Es gibt kaum noch einen Meter Fels, der nicht schon begangen ist, und selbst der Kenner hat Mühe, nicht mit seinen Extremitäten in den "anderen" Weg zu geraten, was natürlich strengstens verboten ist." Die phantastischen Henkelgriffe, die der Quarzitfels selbst an den unmöglichsten Stellen noch darbietet, erlauben es heute sogar, jeden Quadratmeter frei zu bekrabbeln. Dies soll aber nicht heißen, daß die Ansprüche, die der Hohenstein an den Kletterer stellte, gering wären! Wenn Dir das Gretschmann-Wändchen auf der Nordostseite die Finger langzieht, denke daran, daß hier der obere sechste Grad schon 1933 von dem echten Emil Gretschmann, den es dienstlich nach Darmstadt verschlagen hatte, erbouldert worden ist.

Um eine freie Begehung des „Weges der Ehe", den Schorsch Blitz 1948 mit nur zwei Haken machte, wurde bis 1981 erbittert gerungen. Ein Jahr vor seinem Tod am Cho Oyu schaffte es dann Reinhard Karl im Nachstieg. Kaum hatte Nico davon gehört, ruhte ich nicht länger, bis er das kleingriffige, gut einen Meter ausladende Dach im Vorstieg gepackt hatte. Eines der modernen Kletterwunder soll den „Weg der Ehe" dann 1996 im Auf- und Abstieg geklettert sein – ganz cool und gelangweilt. Man munkelte aber im Odenwald, daß das nicht mit rechten Dingen zugegangen ist. Nicht daß der den modernen Kletterleim Magnesia benutzt hätte, nein, viel schlimmer. Die schon seit Jahrhunderten berüchtigten Hexer drüben am Knoden sollen im Spiel gewesen sein.

Die Lebendigkeit der Szene und der Beliebtheitsgrad des Klettersports in den frühen bis mittleren Jahren dieses Jahrhunderts, sowie die begeisterte Erschließung der Naturfelsen im nördlichen Odenwald spiegelt sich nicht nur in den Namen der zahlreichen Erstbegeher wieder sondern auch in der schwärmerischen Prosa eines Schorsch Blitz:

> »Behutsam, so als ob wir in streicheln wollten, legen wir Hand an den Fels, den wir lieben, den wir umarmt haben, wenn wir ihn im Krieg nach langer Trennung wiedersehen durften, dessen würzigen Duft wir einsogen wie den einer Geliebten, an ihn, von dem wir wissen, daß er sich gleich mit allen Kräften gegen unsere Berührung wehren wird, und den wir nur mit List und harten Fäusten überwältigen können. Und wenn er uns dann das Letzte an Kraft und Technik abverlangt hat, lädt er uns auf seinem sonnendurchglühten Rücken zum Rasten und Träumen. Leise rauschen uns die Wipfel der Bäume, summen uns die Bienen, läuten uns die Glocken der Kühe von der saftiggrünen Wiese unten, die aussieht wie eine Alm, in den Schlaf. Ein sanfter Wind trägt unsere Gedanken mit sich fort in das Land unserer Sehnsucht, in das Wunderland der Berge.« (Schorsch Blitz, 1948)

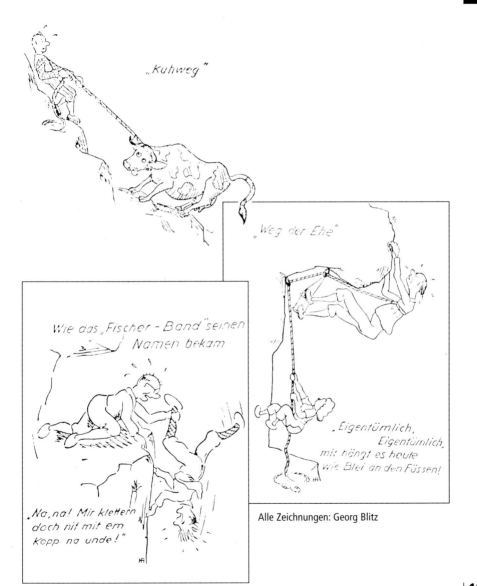

Alle Zeichnungen: Georg Blitz

7 Hohenstein

Lage   Der Hohenstein befindet sich nordöstlich von Bensheim, am Südhang des Lautertals oberhalb von Reichenbach.

Anfahrt   **per Auto:** Von Bensheim immer der B 47 folgend das Lautertal hinauf bis nach Reichenbach. Etwa 1,3 Kilometer hinter dem Ortseingangsschild von Reichenbach zweigt rechts die Knodener Straße ab. Diese hinauf und auf der Hohensteiner Straße weiter, bis unmittelbar vor der Straße „Auf der Steinaue", wo man links vor einem Kindergarten auf den dazugehörigen Parkplatz trifft. Dort oder bereits unten an der Hauptstraße (Nibelungenstraße, B 47) parken.

per Bus und Bahn: Mit der Bundesbahn zum Bensheimer Bahnhof. Von dort per Bus (BRN 5560) die B 47 das Lautertal hinauf bis zur Ortsmitte von Reichenbach (Haltestelle "Markt"). Zu Fuß der Talstraße ein Stück weiter folgen und dann rechts die Knodener Straße hinauf zur Hohensteiner Straße.

Zugang   Die Hohensteiner Straße immer bergauf bis zur zweiten Rechtskehre. Dort den links beginnenden Forstweg hinauf zum Waldrand und geradeaus weiter in den Wald hinein zum Fels.

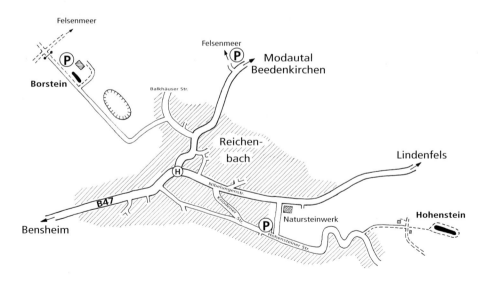

Charakter   Das ausgezeichnet feste Quarzgestein bietet hauptsächlich senkrechte Wandklettereien an reichlich vorhandenen, meist guten Griffen. Überhängende Bereiche sind kaum vorhanden, dafür aber ein paar Dächer. Aufgrund der vielen leichten Routen und des übermäßigen Griffangebots ein idealer Fels für Anfänger, wenn auch die meisten Wege einigen Mut zum Vorsteigen erfordern und der Fels etwas schmierig wirkt. An dem 8 bis 14 m hohen Felsen gibt es über 60 Routen und Boulder zwischen 1+ und 8+, deren Schwerpunkt im Bereich von 2 bis 6+ liegt. Haken finden sich meist nur in den schwereren Wegen, ansonsten müssen die natürlichen Sicherungsmöglichkeiten genutzt werden, was allerdings einige Erfahrungen im Umgang damit erfordert.

Regelungen Zur Zeit (1998) bestehen keine einschränkenden Regelungen. Aufgrund seiner geologischen Besonderheit ist der Hohenstein vor ewigen Zeiten als Naturdenkmal ausgewiesen worden.

Allerdings steht der Hohenstein auf Privatgrund. Aufgrund der Auseinandersetzungen über den vom Eigentümer Anfang der 90er geplanten Bau eines Golfplatzes, gegen den sich auch einige Kletterer einsetzten, wurde von diesem, nach der Ablehnung des Bauantrages, der Parkplatz direkt unterhalb des Hohensteins gesperrt. Auch im Wohngebiet sollte nicht geparkt werden, um den Anwohnern keine Parkplätze zu nehmen. Es gab diesbezüglich schon einige Proteste bei der Gemeinde.

Damit auch weiterhin das Klettern am Hohenstein möglich ist, sind unbedingt nur die öffentlichen Parkmöglichkeiten zu benutzen. Der etwas verlängerte Zuweg sollte hier kein Hindernis darstellen.

7 Hohenstein – Südwestseite

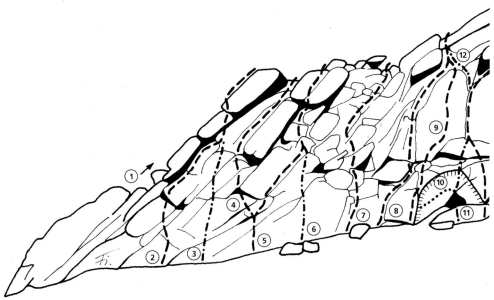

#	Name	Grade	First ascent
1	**Autobahn**	2	*(II-)*
2	**Dämmerungsüberhänge**	4+	G. Blitz, H. Adam, 1948 *(IV) clean*
3	V: **Direkter Einstieg**	4	*(clean)*
4	**Rinnenweg**	3-	*(clean)*
5	**Novemberüberhänge**	4-	1922 *(III+) clean*
6	V: **Platteneinstieg**	4	*(clean)*
7	**Zubringer**	2+	*(II-) clean*
8	**Demilla-Weg**	3+	Demilla, 1922 *(III-) clean*
9	**Bubi drück mich! - Platte**	5+	G. Blitz, H. Adam, 1948 *(IV+) clean*
10	**Höhlenquergang**	8+	Boulder – natürlich ohne die gebohrten Griffe, von links außen nach rechts, dann wie 11
11	**Große Höhle**	6+	E. Gretschmann, 1933 *(IV) Boulder*
12	**Effelberger-Riß**	3+	Effelberger, 1922 *(II) clean*

Bei den in Klammern gesetzten Bewertungen handelt es sich um die der Erstbegeher!

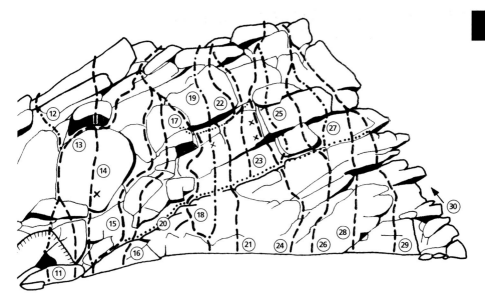

13	Titzeweg	3+	Titze, 1922 *(III+) clean*
14	**Monsheimer Platte**	5 - 7	R. Monsheimer, G. Blitz, 1934 *(IV+)*
15	**Ochsenweg**	3-	1922 *(II+) clean*
16	**Plattenweg**	5-	*(clean) (III-)*
17	**Dachquergang**	4	*von links unter dem Dach hindurch, IV*
18	**Seitensprung**	6	
19	**Weg der Ehe**	8-	G. & S. Blitz, 1948 *(ohne linken Block, VI-)*, frei: R. Karl, 1. RP: N. Mailänder
20	**Fischer-Band**	2	E. & M. Fischer *(II) clean*
21	**Quarzwändchen**	4+	1923 *(IV)*
22	**Brohmüberhang**	6-	R. Brohm, Berberich, 1946 *(V-)*
23	**Direktes Quarzwändchen**	7+	TR: G. & S. Blitz, 1948 *(IV+)*
24	**Quarzwandverschneidung**	6+	Gretschmann, Fischer, Jung, 1934 *(V+)*
25	**Darmstädter Weg**	6	*(clean)*
26	**Mannheimer Weg**	4-	Demilla, Effelberger, Höhl, 1923 *(IV) clean*
27	V: **Rechter Mannheimer-Weg**	3+	*(clean)*
28	**Lochweg**	5-	*(clean)*
29	**Kantenweg**	3+	*(clean)*
30	**Radfahrweg**	2-	*(clean, üblicher Abstieg, II+)*
66	**Hohensteinpromenade**	5 - 6+	*Boulder – möglichst nah über dem Boden*

7 Hohenstein – Nordostseite

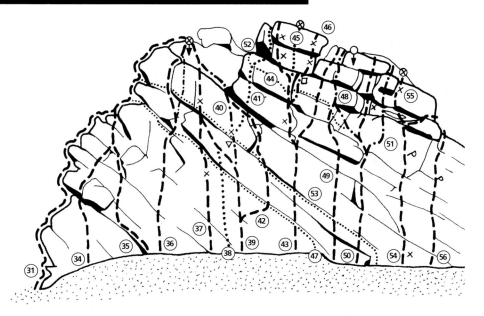

31	Zackengrat	4	(clean, je nach Wegwahl auch schwerer)
32	V: Rechter Ausstieg	5-	(clean)
33	Foothook	6+	Boulder – über die 2,5 m hohe, überhängende Nase
34	Linksaußen	4+	(clean)
35	Höhl-Weg	3-	Höhl, 1922 (II) clean
36	Weg der Kindheit	4-	Plattenausstieg: 5+
37	Weg der Jugend	5-	G. Blitz, Monsheimer, 1935 (V-)
38	Mittelvariante	4+	(IV)
39	Kleingriffiges Wändchen	5	K. Jung, 1932 (IV)
40	V: Dir. kleingriff. Wändchen	5+	K. Jung, 1932 (V)
41	V: Direkter Durchstieg	5-	(clean)
42	Kuhweg	4-	1922 (III)
43	Buchweg	4	E. Fischer, O. Feger, 1932 (IV+)
44	Großer Überhang	6+	E. Gretschmann, Biegert, 1939 (V)
45	V: Direkter Überhang	7-/7	
46	Knobelüberhang	6	K. Morche., H. Adamczewsky, 1948 (V-)
47	Mittelriß	5-	G. Blitz, 1948 (V-)

48	Linker Fensterrahmen	5	K. D. Weber
49	V: **Direkter Zustieg**	5	
50	Fenster	4+	1922 *(IV-)*
51	Rechter Fensterrahmen	5+	G. Blitz, H. Adam, 1948 *(V-)*
52	Großer Quergang	5	E. & M. Fischer, 1939 *(IV, von li. n. re.: IV+) clean*
53	Blitz-Riß	5	G. Blitz, R. Monsheimer, 1935 *(V)*

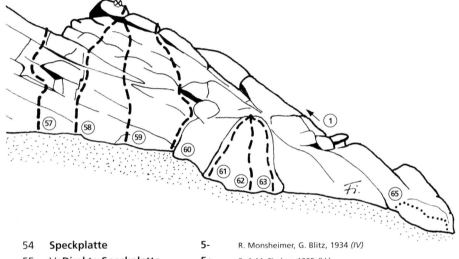

54	Speckplatte	5-	R. Monsheimer, G. Blitz, 1934 *(IV)*
55	V: **Direkte Speckplatte**	5+	E. & M. Fischer, 1935 *(V-)*
56	Vogelnest	4-	E. Gretschmann, 1933 *(IV)*
57	Grüner Weg	3+	1922 *(II) clean*
58	Kleiner Überhang	4-	G. Blitz, R. Monsheimer, Marquardt, 1948 *(IV-) clean*
59	Rauhes Wändchen	3	*(clean)*
60	Leichter Weg	2+	*(clean)*
61	Linkes Wändchen	7-	Boulder
62	Gretschmannwändchen	6+	E. Gretschmann, 1933 *(V) Boulder*
63	Rechtes Wändchen	7	Boulder
64	Erics Boulder	8-	E. Barnert *(wie 63, nur mit den kleinsten Griffen)*
65	Meiner	8-	J. Altner *(ohne obere Kante von rechts nach links)*
66	Hohensteinpromenade	5 - 6+	Boulder – möglichst nah über dem Boden *(III - IV-)*

8 Borstein

Auch am Borstein, nur eine gute halbe Stunde vom Hohenstein entfernt, soll es nicht ganz geheuer zugehen. Der kleine Quarzitquacken, früher mitten im Wald gelegen, wurde in alter Zeit von den Reichenbachern gemieden; und noch heute machen die Kletterer einen Bogen um ihn. Vielleicht ist an der Sage von den Geistern, die hier getafelt haben sollen, etwas Wahres. Denn auch wenn man den Hohenstein unter Menschen und Material kaum mehr erahnen kann, bleibt der schwarze Ziegenbock Hadrian, der sich den Brocken zum Lieblingsaufenthalt erkoren hat, Alleinherrscher in seiner waldüberdachten Felsenwelt. Dabei verlangt der Borstein mehr an tüfteliger Technik als sein großer Bruder drüben überm Lautertal. Denn auch die leichteren Wege dort fordern von den Begehern sensible Fingerarbeit, Seitzüge und Gewichtsverlagerungen, ehe sich die Hände in acht Metern Höhe zum Gipfelgruß finden können.

Die Palette des Angebots ist reichhaltig: Finger- und Handrisse, Wandkletterein und ein Kamin, ein kleines Dach und daneben ein Überhang. Geradeso, als ob der Verfasser eines Kletterlehrbüchleins das Ganze in Auftrag gegeben hätte. Auch einige kapselgefährdende Boulder wurden nicht vergessen und als Schmankerl die überhängende Marianne-Sybillen-Kante eingebaut. Hier reichen sich auf erstaunliche Art zwei Große des deutschen Alpinismus die Hände. Ohne von einem Vorgänger zu wissen, gelang doch Reinhard Karl 1981 die erste freie Begehung dieser Kante, über die Emil Gretschmann fast ein halbes Jahrhundert vorher als erster emporgestiegen war.

> »Aber hast du dir, lieber Leser, schon einmal die Zeit genommen, im Herbst zu warten, bis im Westen wie ein glutroter Ball die Sonne untergeht, und ihre Strahlen die silhouettenhafte Schloßruine umspielen, sie zu geheimnisvollen Leuchten bringend, und wie Fluten goldenen Lichts den Wald überschwemmen und das Herbstlaub kupfern durchtränken, bis dann langsam der Fels im Abendschein verglüht? Hast du gewartet, bis die Farben verdämmern, untergehen im Grau der hereinbrechenden Nacht, bis dann die volle Scheibe des Mondes hinter den Wipfeln auftaucht und das schlafende Land mit silbernem Schimmer übersprüht? Wenn du es schon getan, dann hast du ein Märchen erlebt, wie du es nirgendwo schöner kannst als am Borstein.« (Schorsch Blitz, 1948)

Lage	Der Borstein befindet sich nordöstlich von Bensheim im Lautertal, oberhalb von Reichenbach, direkt beim Wormser Naturfreundehaus (Lageplan und Zugang, siehe Hohenstein Seite 102).
Anfahrt	**per Auto:** Von Bensheim der B 47 folgend das Lautertal hinauf bis nach Reichenbach. In Ortsmitte links ab Richtung Modautal/Beedenkirchen und nach einigen Metern wieder links (Balkhäuser Strasse), der Ausschilderung „Naturfreundehaus" folgen. Auf dem zunächst steilen Sträßchen am Steinbruch vorbei hinauf zum Parkplatz, der sich direkt hinter dem Felslein befindet. **per Bus und Bahn:** Mit der Bundesbahn zum Bensheimer Bahnhof. Von dort per Bus (BRN 5560) die B 47 das Lautertal hinauf nach Reichenbach (Haltestelle „Brücke"). Zu Fuß weiter, gleich die erste Straße links Richtung Beedenkirchen, dann noch zweimal links, den Hinweisschildern „Naturfreundehaus" folgend, die schmale Straße zum Fels hinauf.
Charakter	Der 4 m bis 8 m hohe Felsen bietet senkrechte bis schwach geneigte, selten überhängende Klettereien, die alle Techniken des Kletterns erfordern. Der hervorragend feste Quarzit weist aber deutlich weniger und kleinere Griffe auf als sein Pendant auf der gegenüberliegenden Talseite. Aufgrund der vielen leichten Routen im Bereich zwischen 2+ und 5+ ist der Borstein ebenfalls ein idealer Anfängerfels, wenn auch nicht alle Routen für das Vorstiegstraining in Frage kommen. Haken sind in den schwereren Klettereien teilweise vorhanden, ansonsten sind die mehr oder weniger zahlreichen natürlichen Sicherungsmöglichkeiten zu nutzen.
Regelungen	Zur Zeit (1998) bestehen keine die Kletterfreuden einschränkenden Regelungen. Aufgrund seiner geologischen Besonderheit ist der Borstein ebenfalls als Naturdenkmal ausgewiesen worden.
Sonstiges	Einen Abstecher lohnt auf jeden Fall das nördlich von Reichenbach gelegene Felsenmeer, wo sich auch einige interessante Boulder finden lassen. Vom Borstein ist dieses mittels einer ca. 2 km langen Wanderung auf den Waldwegen in nördlicher Richtung zu erreichen. Anderenfalls eignet sich der Parkplatz am nördlichen Ortsausgang von Reichenbach oder, etwas weiter das Tal hinauf, der von Beedenkirchen als Ausgangspunkt hierfür.
Gastronomie	Das Wormser Naturfreundehaus direkt unterhalb des Borsteins, mit Kinderspielplatz und der Möglichkeit zum Draußensitzen. Geboten werden unter anderem Odenwälder Spezialitäten.

8 Borstein – Südwest- und Südseite

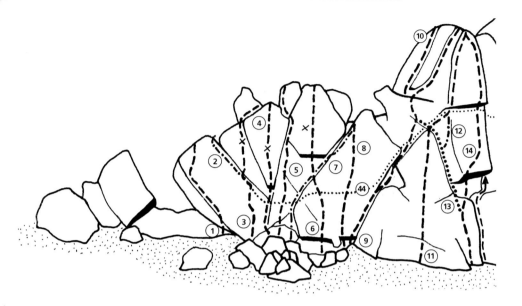

1	Nit möglich	8-	N. Mailänder
2	Fischer-Platte	4	E. & M. Fischer, 1932 *(IV) clean*
3	Schenkelüberhang	6+	G. Blitz, Bormann, H. Adam, 1948 *(IV)*
4	Großes V	7-	G. & S. Blitz, H. Adam, 1948 *(VI-)*
5	Schenkelriß	6	O. Feger, P. Müller, 1933 *(V) clean*
6	Großes A	7-	G. Blitz, H. Adam, 1948 *(V+) (ohne Kanten: 8)*
7	Müller-Riß	4+	P. Müller, O. Feger, 1933 *(IV) clean*
8	Feger-Wändchen	5-	O. Feger, P. Müller, 1933 *(IV) clean*
9	Ochsenweg & Ochsenkamin	3-	*clean (II)*
10	Parallelriß	2+	*clean (II+)*
11	Mariannen-Kante	5+	E. Gretschmann, M. & E. Fischer, 1933 *(V)*
12	Nasenvariante	5+	*(V)*
13	Kantenriß	5+	G. Blitz, H. Adam, 1948 *(V+)*
14	Marianne-Sybillen-Kante	7+	G. & S. Blitz, H. Adam, 1948 *(VI-)*
15	Kaminverschneidung	5	G. Meier, 1926 (u), E. Gretschmann, 1934 (o)
16	Karl-Lehr-Ged.-Weg	5+	G. Blitz, H. Adam, 1948 *(V+)*
17	Adam-Weg	4	G. Blitz, H. Adam, 1948 *(IV)*

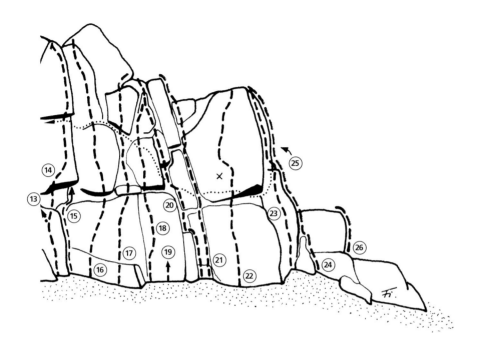

18	Quarzrißchen	4+	G. Blitz, H. Adam, 1948 *(IV-)*
19	Quarzwändchen		*Boulder für Stahlfinger, bisher unmöglich*
20	Linker Doppelriß	4-	*clean (III+)*
21	Rechter Doppelriß	4	*clean (IV)*
22	Südwestwandwulst	6-	K. Jung, M. Haury, 1934 *(V-)*

Südseite

23	Südkantenriß		G. Blitz, H. Adam, 1948 *(IV-)*
24	Kuhweg	3+	*clean (III-)*
25	Flechtenriß	4+	G. & S. Blitz, H. Adam, 1948 *(IV+) clean*
26	Rampfler	4	K. Jung, 1934 *(IV-) clean*

Bei den in Klammern gesetzten Bewertungen handelt es sich um die der Erstbegeher!

8 Borstein – Nordostseite

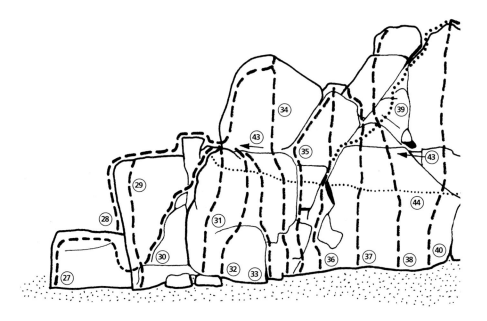

27	Ostkante	3-	*über Eckanstieg (III-)*
28	Direkte Ostkante	5-	G. & S. Blitz, H. Adam, 1948 *(IV+)*
29	Schuppenwändchen	6-	G. Blitz, H. Adam, 1948 *(V)*
30	Eckanstieg	3+	*(II+)*
31	Millimeterwändchen	5	G. Blitz, H. Adam, 1948 *(V)*
32	Baumweg	5-	G. Blitz, H. Adam, 1948 *(V-)*
33	Pendelwändchen	4-	*(IV-)*
34	Direktes Pendelwändchen	4	G. Blitz, H. Adam, 1948 *(IV)*
35	Überdachter Riß	3+	*(III-)*
36	Damenriß	3	*(III)*
37	Grünes Wändchen	4-	*(IV-)*
38	Starkenburger Weg	5-	G. Blitz, H. Adam, 1948 *(V-)*
39	Meier-Risse	3	G. Meier, 1925 *(III)*
40	Berggeistüberhang	5-	G. Blitz, H. Adam, 1948 *(IV+)*

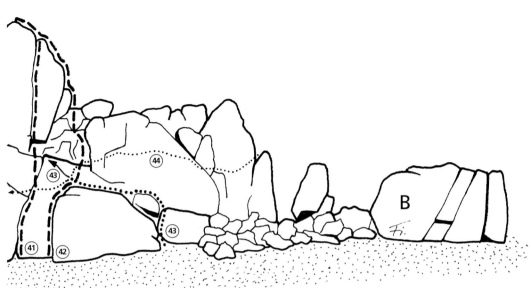

41	**Nordkantenriß**	**4-**	*(III)*
42	**Viehtrift**	**2+**	*(II+) Der "Normalweg"*
43	**Schleidt-Band**	**2-**	*(II-)*
44	**Borsteinkarussel**	**5+**	G. Blitz, H. Adam, 1948 *(V)*

B **Bouldermöglichkeiten**

Bei den in Klammern gesetzten Bewertungen handelt es sich um die der Erstbegeher!

9 Schenkenberg

Wer ein herrlich romantisches Fleckchen mit vielen Bänken zum pausieren in lichtem Buchen-Kiefern-Wald sucht, der wird am Schenkenberg bei Lindenfels fündig. Über seinen Südhang verteilen sich eine Reihe verschiedener Granitblöcke, die zum Bouldern geradezu einladen. Die Felsquacken befinden sich alle in Reichweite des Waldlehrpfades, der als Rundwanderweg von ca 1,5 Std. Dauer angelegt ist. Hier besteht also zusätzlich die Möglichkeit, sich naturkundlich weiterzubilden. Eine „Besteigung" des 480 m hohen Morgenstern sollte man sich, wenn man schon mal da ist, auch nicht entgehen lassen, bietet er doch einen lohnenden Ausblick über die Landschaft des mittleren Odenwalds.

Lage Der Schenkenberg liegt ca. 12 Kilometer östlich von Bensheim, direkt oberhalb von Lindenfels.

Anfahrt **per Auto:** Vom Rheintal die B 47 über Bensheim durchs Lautertal, von Heppenheim die B 460 oder von Weinheim die B 38 durch das Birkenauer Tal und zum Schluß die B 47 nach Lindenfels. Von Norden ebenfalls die B 38 (Gersprenztal) über Reichelsheim nach Lindenfels. In Lindenfels befindet sich ca. 200 m vor der östlichen Ortsausfahrt, gegenüber von einem Restaurant, der Beginn des Waldlehrpfades Schenkenberg. Geparkt wird am besten in der Kappstraße (ausgeschildert) oder direkt am Ortsausgang.

per Bus und Bahn: Mit der Bundesbahn nach Bensheim. Vom Bahnhof per Bus (BRN 5560) in ca. 30 min bis nach Lindenfels (Haltestelle Post). Nun noch ca. 100 m weiter, wo links, gegenüber von einem Restaurant, der Waldlehrpfad Schenkenberg beginnt.

Zugang Gegenüber der gastlichen Stätte die Stufen des Waldlehrpfades bergan mitten hinein in das rauhe Vergnügen.

9

Charakter Die über den gesamten Südhang des Schenkenberg verstreuten, 2,5 bis maximal 7 m hohen, rauhen Granitquacken warten mit schönen Bouldereien in allen Variationen und bester Gesteinsqualität auf. Neben Überhängen, Finger- und Handrissen, finden sich auch zahlreiche steile bis geneigte Reibungsschleicher und athletische Wandklettereien. Bisher sind etwa 40 Boulder an 12 Felsen vom 2 bis zum 8 Grad dokumentiert. Für die beiden schwersten Boulder der recht hohen Wilhelm-Felsen empfiehlt es sich ein Toprope-Seil mitzunehmen, ansonsten sorgt der schlechte Landeplatz im Falle eines Falles für unnötige Rettungsaktionen.

Regelungen Derzeit bestehen keine die Boulderfreuden einschränkenden Regelungen.

Gastronomie Entweder gleich in das (zur Zeit) chinesische Restaurant am Beginn des Waldlehrpfades einfallen oder eine der zahlreichen weiteren Möglichkeiten in Richtung Ortsmitte nutzen.

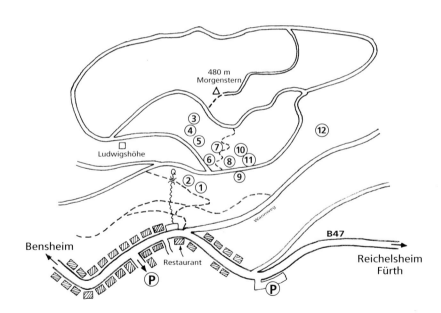

9 Schenkenberg

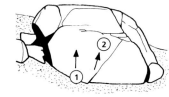

9.1 Waldstein
1 6+
2 8-

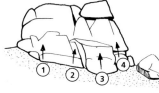

9.2 Eckfelsen
1 3-
2 3
3 6
4 3+

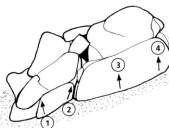

9.3 Bandstein
1 5-
2 3-
3 7-/7
4 2

9.4 Kuppelfels
1 4+
2 6
3 6-

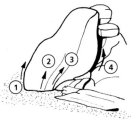

9.5 Schrägstein
1 5
2 7-
3 8
4 5

9.6 Testwandl
1 7
2 6

9.7 Wilhelm-Felsen

1 3
2 7-
3 6
4 5-
5 7-
6 7+
7 8

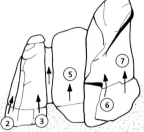

9.8 Kippstein

1 3
2 6
3 6
4 7

9.9 Hochturm

1 4+
2 5+
3 5+

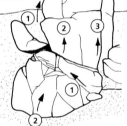

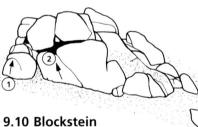

9.10 Blockstein

1 4+
2 6

9.11 Schaustein

1 5-
2 4
3 6
4 7
5 7

9.12 Handstein

1 5-
2 7
3 5+

10 Zindenauer Schlösschen

Lage	Mitten im Odenwald, zwischen Lützelbach, Steinau und Neunkirchen.
Anfahrt	**per Auto:** Vom Rheintal über Bensheim durch das Lautertal (B 47) hinauf bis nach Gadernheim, wo man links abbiegt und über Brandau nach Neunkirchen gelangt. Von Norden durch das Modau- oder Fischbachtal, am besten aber über die B 38 (Gersprenztal) nach Reichelsheim und am südlichen Ortsausgang rechts ab, über Laudenau nach Neunkirchen. Ausreichend Parkmöglichkeiten finden sich am Ortseingang von Neunkirchen.
	per Bus und Bahn: Unter der Woche von Darmstadt mit dem Bus (RMV O) über Ober-Ramstadt nach Ernsthofen und dort Umsteigen in den Bus nach Neunkirchen (RMV B). Ganzwöchig bietet sich der Bus (RMV K55) über Roßdorf, Reinheim und Groß-Bieberau nach Neunkirchen an, der am Darmstädter Hauptbahnhof startet. Zeitweise ist Neunkirchen auch von Bensheim aus über Modau zu erreichen (BRN 5560).
Zugang	Vom Parkplatz durch den Ort hindurch Richtung Nordosten und den Forstweg gerade weiter in den Wald hinein, wo sich links am Wegrand das Neunkirchener Türmchen (1) befindet. Hinter einer Schranke gabelt sich der Weg. Dort geradeaus weiter (Schild), über die nächste Wegkreuzung hinweg, am Unterstandshäuschen „Steinkopfhütte" vorbei und kurz danach, vor dem Tannenwald rechts (Schild) auf schmalem Pfad zu Felsgruppe (2).
Charakter	Steile Wandklettereien an kompaktem und festem Granit von bester Qualität, der mit einigen feinen Rissen sowie Verschneidungen und Überhängen versehen ist. Entsprechend der geringen Felshöhen von 5 bis 8 m sind nur wenige Routen mit Haken ausgestattet, die allerdings alt und marode sind. Insgesamt gibt es über 30 Klettereien zwischen 2- und 8, von denen die meisten im Bereich von 4- bis 6 liegen.
Regelungen	Zur Zeit bestehen keine den Klettergenuß einschränkende Regelungen.
Gastronomie	Das kleine Neunkirchen weist drei Restaurants rund um den Brunnen im Ortskern sowie eines am Parkplatz auf.

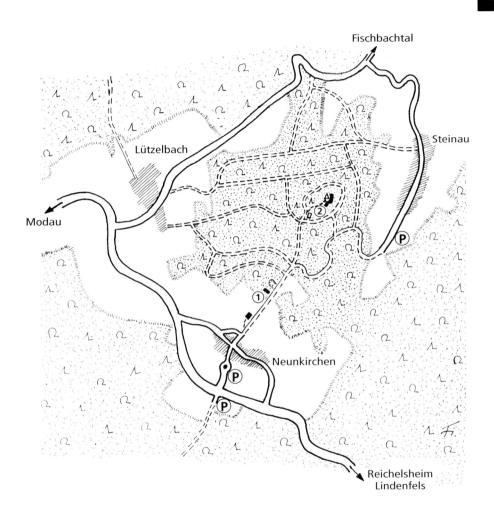

10

10 Zindenauer Schlösschen

Nun geht es endgültig ab in die Pampa, dorthin, wo sich Fuchs und Hase unter den rauschenden Wipfeln alter Eichen die Pfoten drücken. Das Zindenauer Schlößchen liegt zwischen Lichtenberg, Lützelbach und Neunkirchen derartig versteckt am Osthang des Steinkopfs, daß es von Kletterern schon dreimal entdeckt und zweimal wieder vergessen wurde. In seinem Führer beschreibt Schorsch Blitz den Ort so unübertrefflich, daß dem geneigten Leser die Schilderung nicht vorenthalten werden soll:

> »Wie ein kleines Märchenschloß, rundherum von einem dichten Baumgürtel umgeben, liegt es auf einer einsamen Höhe im Herzen des Odenwaldes. Nur ein schmales Pfädchen führt den seltenen Wanderer zu einem Flecken von träumerischer Schönheit. Es grüßt drunten die abgelegenen Bauernhöfe aus schmuckem Fachwerk und weit drüben das Lichtenberger Schloß, um sich dann auf ein freies, sonnenbeschienenes Plätzchen zu Füssen der Türme, Mauern und Erker der Felsenburg zu lagern. Kein Geräusch aus der fernen hastenden Welt dringt hier an sein Ohr, kaum daß ein Vogelruf die Stille durchbricht, und Wald und Fels und blauer Himmel verschmelzen zu einem Dreiklang.«
> (Schorsch Blitz, 1948)

Als Nico im Sommer des Jahres 1981 nach langer Suche erstmals zu dem Schlößchen vorgedrungen war, erhellte kaum ein Sonnenstrahl das Dämmerlicht des Waldschattens. Die „Türme, Mauern und Erker der Felsenburg" sah er wie der erste Mensch. Daß dem zwar nicht ganz so sein konnte, davon zeugten einige rostige Haken der Marke „Vor- und Frühgeschichte". Da er es als „eine Sauerei" empfand, daß ein solch schöner Fels durch Haken verunziert worden war, entfernte er die „rostigen Krücken" abseilend mit ein paar Hammerschlägen.

Wenn er heute an jenen Tag zurückdenkt, treibt es ihm wohl immer noch die Schamröte ins Gesicht. Nicht ahnte er damals, daß dieser Fels schon die Leidenschaft anderer angezündet hatte, daß hier schon gehofft, gekämpft und gejubelt worden war. Für ihn waren diese Haken überflüssige Zeugnisse einer unerleuchteten Epoche. Was konnte er dafür, daß die früher nicht klettern konnten? Alles was zählte war „clean" und „free", wie es uns die Amis vorgekaut hatten. Dabei hätte ihm in einer weniger überheblichen Stimmung auffallen müssen, daß in den beiden Sechserrissen, als deren Erstbegeher er später Redel und Gretschmann identifizierte, die Haken erst kurz unter den Ausstiegen steckten.

Der kleine Überhang, den Nico „erstbeging" und ohne zu zögern mit 6+ einstufte, war die „Nordwestkante" der Lichtenberger Wand. Helmut Adam und Schorsch Blitz hatten sie schon 1948 gemacht. Ihr Bewertungstip war 4, allerdings untere Grenze. Über Jahre hinweg befürchtete er, die Haken links an der großen Wand mit der Namenstafel etwas voreilig entfernt zu haben. Denn er mußte alles, was er gelernt hatte, auffahren, um nur vom Boden wegzukommen. Erst 1984 gelang es ihm nach vielen Versuchen, frei über die „Schleierkante" hinaufzuklettern, aber wenigstens ohne Seil und vorherigen Checkup von oben.

10.1 Neunkirchener Türmchen

 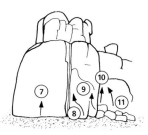

1	Reibungsplatte	2		7	Spechtplatte	
2	Faustriß	5-		8	Ostriß	4
3	Hangel	5		9	Ostkante	4-
4	Rinne	3		10	Flechtenriß	
5	Pfeilerweg	7-/7		11	Blockriß	4+
6	Schräger Riß	6-				

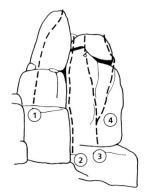 

10.2 Lützelbacher Türmchen

1	**Schild**	5-	G. Blitz, H. Adam, 1948 *(IV-)*
2	**Schott-Riß**	4	Schott, 1936 *(III)*
3	**Hakenmörderwand**	6	O. Redel, H. Haun, 1948 *(IV-,A)*
4	**Hakenmörderkante**	6	O. Redel, H. Haun, 1948 *(IV-,A)*
5	**Steigbaumwändchen**		G. Blitz, H. Adam, 1948 *(III-)*
6	**Reinheimer Riß**	4-	E. Gretschmann. Schott, 1936 *(III+)*

10 Zindenauer Schlösschen

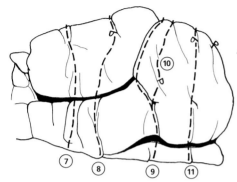

10.3 Neunkirchner Wand

7	Gretschmann-Riß	6-	E. Gretschmann, 1936 *(V-)*
8	Schokoladenwand		O. Redel, 1948 *(IV/A)*
9	Redel-Riß	6-/6	O. Redel, G. Blitz, 1948 *(V-)*
10	Musikantenriß		O. Redel, 1948 *(IV-/A)*
11	Musikantenwand		O. Redel, 1948 *(V-/A)*

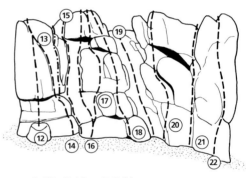

10.4 Fünfkantenwinkel

12	Direkte Stromlinienkante		G. Blitz, H. Adam, 1948 *(V)*
13	Stromlinienkante	6-	O. Redel, 1948 *(V-)*
14	Krokodil		E. Gretschmann, 1936 *(IV)*
15	Kuhkamin		*(III-)*
16	Adam-Kante		G. Blitz, H. Adam, 1948 *(IV)*
17	Bankwändchen		G. Blitz, H. Adam, 1948 *(IV-)*
18	Ochsenkante	3	*(III-)*
19	Viehtrift		*(II-)*
20	Herzasskante	6	G. Blitz, H. Adam, 1948 *(IV+)*
21	Baumweg		E. Gretschmann, 1936 *(IV-)*
22	Schleierkante	8+	O. Redel, Böhm, 1942 *(V+)*

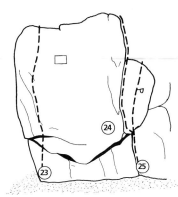

10.5 Schloßwand

23	**Blitz- und Donnerweg**		G. & S. Blitz, H. Adam, 1948 *(V+/A)*
24	**Jungriß**	**6+**	K. Jung, 1936 *(V)*
25	**Kotelett**		G. Blitz, O. Redel, 1948 *(IV+)*

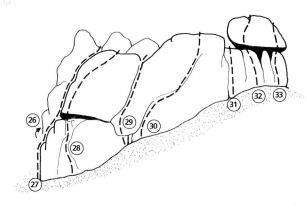

10.6 Lichtenberger Wand

26	**Steinauer Riß**		*(II+)*
27	**Gigantenriß**		*(III)*
28	**Gigantenkante**		G. Blitz, H. Adam, 1948 *(IV+)*
29	**Laubriß**		O. Redel, G. Blitz, 1948 *(IV+)*
30	**Schattenriß**		O. Redel, H. Haun, 1948 *(IV/A)*
31	**Rampfeljoch**		E. Gretschmann, 1936 *(III-)*
32	**Rampfeljochüberhang**	**7+**	O. Redel, H. Haun, 1948 *(IV,A)*
33	**Nordwestkante**	**6+**	G. Blitz, H. Adam, 1948 *(IV-)*

Bei den in Klammern gesetzten Bewertungen handelt es sich um die der Erstbegeher!

11 Billerstein

Der Felszahn unweit der Burg Frankenstein, das Zindenauer Schlößchen und die Schenkenberger Granitboulder würden von ihren prominenten Verwandten am Flagstaff Mountain und im Camp IV ohne Zögern als ihresgleichen akzeptiert werden. Was diesen Brocken an Majestät fehlt, gleichen sie ohne Probleme durch Widerborstigkeit aus. Eine solche Fürsprache wäre im Falle des Billersteins sicherlich vergebens. Dieses häßliche Entlein unter den Odenwälder Felsen kann nur auf die Gutmütigkeit, den Humor und das Geschichtsbewußtsein der geneigten Leserschaft hoffen. Schon seine Entdeckung und Erschließung hat, glaubt man der Legende, mehr mit Berg- und Gartenbau als mit heroischem Alpinismus zu tun:

> »Der Alpenverein Starkenburg war es, der den Billerstein aus seinem vieltausendjährigen Dornröschenschlaf geweckt und bekletterfähig gemacht hat. Die Hauptschuldigen dabei waren Rudi Franz und Peter Müller. Unter ihrer Leitung zog im Jahre 1932 die Klettergruppe Sonntag für Sonntag mit Schaufeln, Besen, Drahtbürsten, Schmierseife und Imi aus, um unter Protest der Forstbehörde den Schuttberg an seinem Fuß wegzuräumen, die Sträucher auszuhauen und die völlig verwachsene Wand gründlich zu reinigen. Als dann die Säuberungs-, Enttrümmerungs- und Entgrünungsaktionen abgeschlossen waren, lud ein ganz neues Gebilde freundlich ein zur Besteigung. Sie fand eine Woche später unter großer Anteilnahme der Bevölkerung statt. Der Fels war mit „Uralt Lavendel" bestäubt worden und duftete betäubend, als unter dem atemlosen Schweigen der versammelten Menge die erste Seilschaft in die blinkenden Platten einstieg. Die feierlichen Klänge des Darmstädter Philharmonischen Orchesters unterstrichen mit dem weihevollen „Immer an der Wand lang" den ergreifenden Festakt. Prächtig gekleidete Ehrenjungfrauen bereiteten den beiden am Ausstieg einen warmen Empfang. Er beeindruckte unsere Kletterer dermaßen, daß sie gerührt beschlossen, die Erinnerung daran im Namen des neuen Weges für alle Zeiten festzuhalten. So heißt er bis heute: „Der Kuhweg". (G. Blitz, 1948)

Bei den Recherchen für sein Machtwerk, fand Nico, bewaffnet mit dem Blitzschen Führer, den Billerstein fast so vor, wie dort beschrieben. Irgendein alpiner Kleingärtner mußte die Flanke erst kürzlich gejätet haben. Bald hatte er sein Forschungsobjekt auf- und absteigend studiert und für lustig befunden. Da begann dieser lächerliche Schrofenhang plötzlich seine Zähne zu zeigen. Das „Monsheimer Wändchen" ließ ihn nämlich beim ersten Versuch höhnisch abblitzen. Als er dann schließlich hinaufkam, warf der Schwierigkeitsmesser ohne zu zögern den unteren siebten Grad aus. Noch beeindruckender war die „Direkte Waschenbacher Kante", deren Schlüsselzüge bereits so weit über Grund stattfinden, daß er den Weg gerne in „Rollstuhlpfeiler" umgetauft hätte. Wo allerdings die „Dachziegelkante", der „Dachziegelüberhang" und dessen linke Variante zu finden sein sollten, blieb ihm schleierhaft. Hinauf und hinunter, kreuz und quer stolperte er durchs Geschröff, um ja den himmelstürmenden Eckpfeiler dieses Monuments des Odenwälder Bergsteigens nicht für die Nachwelt verlorengehen zu lassen. Schon wollte er den Rückzug antreten, als ihm ganz rechts, wo das Massiv kaum mehr vom umliegenden Blockwerk zu unterscheiden war, die Ähnlichkeit der Strukturen eines kaum drei Meter hohen Felsdreiecks mit der Skizze in seiner Hand auffiel. Ja, richtig, die Schuppe dort rechts von der „Wandmitte" war wohl die „Dachzone", die schräge bemooste Leiste mußte dann die „Rampe" auf dem Topo sein. Hinter seinem Rücken lachte es verhalten. Er drehte sich um: Niemand. Kurz entschlossen packte er die „Ziegel", hielt sich an der „Dachkante" auf Gegendruck. Einige ulkige Seitzüge an Zangengriffen ließen ihn schon zum Ausstieg hinauflangen. Dabei achtete er vorsichtig darauf, nicht alle Wege in dieser furchteinflößenden Westnordwestwand in einem Durchgang abzuhaken.

Lage	Südöstlich von Darmstadt, zwischen Waschenbach und Frankenhausen im Waschenbachtal, direkt oberhalb der Straße.
Anfahrt	**per Auto:** Von Darmstadt über die B 449 nach Nieder-Ramstadt. Dort rechts ab auf die B 426 und am südlichen Ortsrand nach Waschenbach abbiegen. Etwa einen Kilometer südlich von Waschenbach, 250 Meter hinter dem linkerhand liegenden, großen Steinbruch bei einer Straßenbiegung parken. **per Bus und Bahn:** Von Darmstadt - Eberstadt mit dem Bus (RMV K53) über Nieder-Ramstadt nach Waschenbach. Von dort die Hauptstraße noch ca. 1000 Meter weiter Richtung Frankenhausen und dann rechts zum Billerstein hinauf.
Zugang	Vom Parkplatz auf einem schmalen, steilen Pfädchen den bewaldeten Hang parallel zur Straße, gegenüber vom Steinbruches hinauf zum Billerstein.
Charakter	Überwiegend leichte Bouldereien an fast immer geneigtem Granitfels. Bei Nässe allerdings ungeeignet, da durch die vorhandene Bemoosung reizlos und gefährlich. Aufgrund der geringen Wandhöhen sind in den insgesamt 39 Routen, deren Schwierigkeiten von 2- bis 7- reichen, meist aber im Bereich von 3- bis 5 liegen, keine Haken zu finden.
Regelungen	Zur Zeit (1998) besteht keine das Klettern einschränkende Regelung.

Es lebe das ehrsame Handwerk

11 Billerstein

1	**Frankenhäuser Wändchen**	4	*(IV)*
2	**Blockriß**	3-	*(III-)*
3	**Monsheimer Wändchen**	7-	R. Monsheimer, G. Blitz, 1948 *(IV)*
4	**Hoher Griff**	4	G. Blitz, O. Redel, 1947 *(IV-)*
5	**Gretschmannrißchen**	3+	E. Gretschmann, 1933 *(III+)*
6	**Problemrißchen**	5	K. Jung, M. Haury, 1934 *(V-)*
7	**Problemwandel**	5	E. Gretschmann, M. Haury, 1934 *(V-)*
8	**Problemwandkante**	4	E. Gretschmann, 1933 *(IV)*
9	**Kuhweg**	3	
10	**Linker Moosplattenüberhang**	4-	R. Monsheimer, G. Blitz, 1934 *(IV-)*
11	**Rechter Moosplattenüberhang**	5-	G. Blitz, R. Monsheimer, 1935
12	**Dritter Weg**	3+	*(III+)*
13	**Vierter Weg**	3-	*(III)*
14	**Fünfter Weg**	3	*(III)*
15	**Sechster Weg**	3	*(III)*
16	**Siebter Weg**	3-	*(III-)*
17	**Sprungwandl**	4+	R. Monsheimer, G. Blitz, 1935 *(IV+)*
18	**Terrassenwandel**		
19	**Erster Weg**	3	*(III)*
20	**Zweiter Weg**	2+	*(II+)*
21	**Dritter Weg**	3-	*(III-)*
22	**Vierter Weg**	3	*(III)*
23	**Farnwandl**	4+	E. Gretschmann, K. Jung, 1934 *(IV)*
24	**Nasses Wandl**	5	E. Gretschmann, K. Jung, 1934 *(IV+)*
25	**Mooswandl**	5	E. Gretschmann, 1933 *(IV-)*
26	**Waschenbacher Kante**	3+	R. Monsheimer, G. Blitz, 1934 *(III+)*
27	**Direkte Waschenbacherkante**	7-	G. Blitz, H. Adam, 1948 *(V)*
28	**Haurytraverse**	4+	M. Haury, 1935 *(IV-)*
29	**Fingerspitzentraverse**	3+	K. Jung, M. Haury, 1935 *(III/IV)*
30	**Waschenbacher Verschneidung**	5	G. Blitz, H. Adam, 1948 *(V-)*
31	**Grüner Weg**	2+	*(II+)*
32	**Direkter Grüner Weg**	4	
33	**Rechte Grüne Wand**	3	
34	**Dachziegelkante**	4	*(III)*

35	**Dachziegelkantenquergang**	4	E. Gretschmann *III)*
36	**Linker Dachziegelüberhang**	6-	*(V-)*
37	**Rechter Dachziegelüberhang**	5	K. Jung, M. Haury, 1935 *(V-)*

Bei den in Klammern gesetzten Bewertungen handelt es sich um die der Erstbegeher

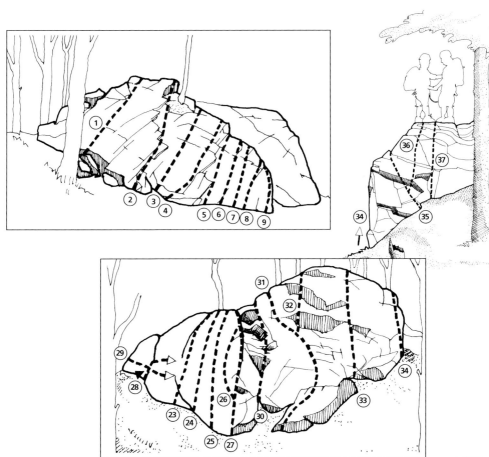

12 Brohmfels

Auf den Meßtischblättern hatte sich Nico schier die Augen aus dem Kopf geguckt, auch ein systematisches Durchkämmen war vergeblich. Weder auf der Lindenfelser noch auf der Neunkirchner Karte und auch nicht auf dem Blatt „Darmstadt-Ost" war er zu finden. Kletterer, die er nach dem Brohmfels fragte, sprachen von ihm, wie von der Gralsburg: „Irgendwo im Norden, aber gefunden hat ihn noch keiner." Den Weg zu der kühnen Felszinne wies ihm dann erst der Führer seines Vorschreibers Schorsch Blitz. Die Geschichte der Entdeckung, Namensgebung und Eroberung dieses Marksteins des Odenwälder Alpinismus soll die geneigte Leserschaft nun im O-Ton Blitz vernehmen:

> »Wenn du, lieber Leser, eine Karte vom Odenwald aufschlügst, und dürfte sie einen noch so großen Maßstab haben, um den „Brohmfels" darauf zu entdecken, du würdest Deine Zeit nur unnütz verschwenden. Selbst wenn du wüßtest, daß er auf der Rückseite des Magnetberges liegt, so könntest du dort höchstens Felsen eingezeichnet finden. Von einem „Brohmfels" aber ist der Landesaufnahme nichts bekannt. Dies nimmt dich nicht mehr wunder, wenn du hörst, wie der Name entstanden ist.
>
> Die Klettergruppe des Alpenvereins „Starkenburg" hatte in Nieder-Beerbach ein Stammlokal, wohin sie in heißen und trockenen Sommern ging, um die Manchonsohlen ihrer Kletterschuhe anzufeuchten. Der Eingeweihte weiß, daß dazu mitunter noch ganz andere Flüssigkeiten als Alkohol verwendet werden. So zog sie denn auch eines Morgens wieder lustig und guter Dinge zum Frankenstein hinauf, genoß bei kurzer Rast den herrlichen Rundblick von der Burg und wanderte, die steilen Abstiege meidend, gemächlich auf dem Fahrweg auf Nieder-Beerbach zu. Da, nach einigen hundert Metern, sahen sie oben am Hang des Magnetberges inmitten des Herbstwaldes einen massigen Felsklotz in der Morgensonne leuchten. Einige wollten ihm sofort einen Besuch abstatten, doch Peter Müllers weises Wort gab den Ausschlag: „Erst die Klettersohlen anfeuchten, Männer!" Das wurde dann auch ausführlich getan und nahm bei so einer großen Schar natürlich eine ziemlich lange Zeit in Anspruch.
>
> Einer der Eifrigsten dabei war der Spaßmacher und Alleinunterhalter Rudolf Brohm. Als spät der Rückweg angetreten wurde, war er es, der diesem „Felskoloß" von allen Seiten zu Leibe rücken wollte, der vor keiner glatten Wand, vor keinem düsteren Kamin oder jähen Überhang zurückschreckte. „Ich werde ihm meinen Fuß auf sein kühnes Haupt setzen!", sprach er und verschwand in dem Straßengraben, den er in seiner Begeisterung übersehen hatte. Seine Klettersohlen hatten augenscheinlich eine Mordsreibung, sie hafteten derartig „bärig", daß sein Tempo ein immer langsameres wurde, je näher sie der Stätte seiner baldigen Taten kamen. Um so schneller brach dagegen die Dunkelheit herein, so daß – „Oh Hinterlist des Geschicks!" – von den „glatten Wänden, düsteren Kaminen und jähen Überhängen" nichts mehr zu sehen war, als die wackere (nicht wackelnde!) Schar endlich am Ziel war. Sie mußte froh sein, auch ohne die Brohmschen Wandsiege gerade noch die letzte Straßenbahn zu erreichen. Trotzdem wurde beschlossen, den Fels, zu Ehren des kühnen „Erstbegehers im Geiste", Rudolf-Brohm-Fels zu nennen.«

In zwei Erschließungswellen wurden die Wände des Brohmschen Ehrenmals dann systematisch und engmaschig mit Kletterrouten eingestrickt. 1935 erforschten Emil Gretschmann, Manfred Haury und Karl Jung seine nahbaren Aspekte. Den Weg, den dieses Dreigespann schon mit ihrer Begehung der „Schleierkante" gewiesen hatte, nahmen Georg Blitz und Rolf Monsheimer 1947 wieder auf. Mit dem „Direkten Blitzwändchen" und der „Schleierwandverschneidung" hinterließen sie der Nachwelt zwei harte Nüsse, an denen sich noch manch tatendurstiger Nachwuchsrecke die Zähne ausbeißen wird.

Seit den „Blitzsiegen" am Fronleichnamstag des Jahres 1948 hatte sich der giftige Granitzwerg am Magnetberg die Tarnkappe übergestülpt und sollte bis zur Umkehrung der Endziffer dieser Jahreszahl für Uneingeweihte unsichtbar bleiben. Erst Thomas Eßer, kurz zuvor aus Aachen zugezogen, 1986 seine Geheimnisse zu lüften. Die Bewertung 7 für die „Freundschaftskante" und 7+ für die „Schleierwandverschneidung" lassen für das „Direkte Blitzwändchen" furchtbares ahnen. Und gäbe es heute die Steinbrüche nicht, wäre die Blitz'sche Behauptung, der Brohmfels sei der schwierigste Fels des Odenwaldes, tatsächlich war geworden. Denn nach erfolgreichem Ringen des Darmstädters Johannes Altner gilt das Wändchen seit Anfang der 90er Jahre als glatte 9-.

Eric Barnert genießt Odenwälder Spezialitäten, den „Boulderquergang" (8-) am Brohmfels und „Handkäs mit Musik" in der Zwingenberger Scheuergasse.

12 Brohmfels

Lage	Der Brohmfels liegt südlich von Darmstadt am Westrand des Odenwaldes, etwa 1 km südlich der Burgruine Frankenstein, die sich oberhalb von Malchen, einem Ortsteil von Seeheim-Jugenheim, befindet.
Anfahrt	**per Auto:** Am Südrand von Darmstadt-Eberstadt, von der Autobahn (Anschlußstelle Pfungstadt) beziehungsweise der B 3 auf die B 426 (Gernsheimer Straße) Richtung Nieder-Ramstadt. In der 2. Linkskurve rechts ab Richtung Burgruine Frankenstein und den Serpentinen folgend bis zum höchsten Punkt des Bergrückens. Dort befindet sich, unmittelbar vor einer Rechtskehre, beiderseits der Straße ein Parkplatz.
	per Bus und Bahn: Mit der Bundesbahn zum Bahnhof Darmstadt-Eberbach. Per Bus (P) nach Eberstadt hinein, bis zur 3. Haltestelle. Dort umsteigen in den Bus (BRN 5504) oder die Bahn (S 8) nach Malchen beziehungsweise mit dem Gemeindebus Mühltel (RMV NB) nach Niederbeerbach. In Malchen die Frankensteiner Straße, in Nieder-Beerbach den Frankensteiner Weg bis zur Burgruine Frankenstein hinauf und von dort zu den Parkplätzen an der Straße.
Zugang	Von den Parkplätzen den nach Süden führenden Wanderweg auf dem bewaldeten Bergrücken ca. 500 m bergan. Wo dieser leicht rechts abknickt, wechselt man nach links auf einen schmalen Pfad (Nr. 3), der hinunter zum Felsensemble führt.
Charakter	Steile und geneigte Wandklettereien, die mit Rissen, einigen Verschneidungen und Überhängen versehen sind. Das hervorragend feste Gabbrogestein bietet überwiegend nur als Aufleger zu nutzende, zum Teil abschüssige Leisten sowie Seitgriffe. Viele der 40 Klettereien an dem 4 bis 8 m hohen Felslein haben reinen Bouldercharakter, dem entsprechend nur wenige, vor allem die schwereren, mit Haken und eventuell einer Umlenkung ausgestattet sind. Der Fels bietet aber aufgrund der nahezu gleichen Anzahl von Routen der Grade 1 bis 7 für jeden etwas.
Regelungen	Zur Zeit (1998) besteht keine die Boulderfreuden einschränkende Regelung.

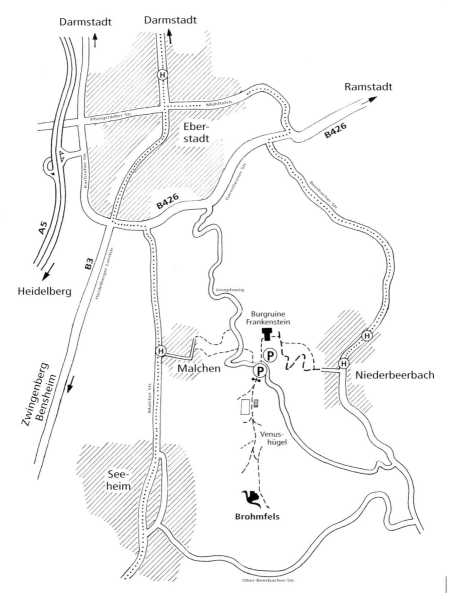

12 Brohmfels

12.1 Süd-Seite
1	**Normalweg**	**1**	*(I)*
2	**Kleines Südwändchen**	**2+**	*(III)*
3	**Gazellensprung**	**3**	Spreizschritt zur Kante *(III+)*
4	**Großes Südwändchen**	**4-**	E. Gretschmann, 1935 *(IV-)*

12.2 Pik Haury
5	**Normalweg**	**1**	*(I)*
6	**Südostwändchen**	**3+**	*(III+)*
7	**Haurywändchen**	**4**	M. Haury, K. Jung, 1
8	**Kante**	**6-**	
9	**Boulderwandl**	**8**	ohne Kante und Riß
10	**Verschneidung**	**2+**	*(II+)*

12.3 Ost-Seite
11	**Blitz-Wändchenkante**	**5-**	G. Blitz, R. Monsheimer, 1947 *(IV+)*
12	**Viererweg**	**7-**	G. & S. Blitz, H. Haun, K. Lehr, 1948 *(I*
13	**Blitz-Wändchen**	**9-**	G. Blitz, R. Monsheimer, 1947/48 *(VI-/A1)* frei: J. Altner
14	**Redel-Variante**	**6+**	O. Redel, G. & S. Blitz, 1947 *(V)*
15	**Muskelschinder**	**5+**	K. Jung, 1935 *(IV)*
16	**Kuhweg**	**3+**	*(III)*
17	**Kuhwegverschneidung**	**6-**	G. Blitz., R. Monsheimer, 1948 *(V-)*

12.4 Nordwest-Seite
18	**Schleierkante**	**6**	O. Redel, Schott, E. Gretschman, 1937 *(V-)*
19	**Direkte Schleierkante**	**6**	G. Blitz, Marquardt, 1948 *(V-)*
20	**Schleierwand**	**6+**	G. Blitz, R. Monsheimer, 1948 *(V+)*
21	**Schleierwand-Verschn.**	**7+**	G. Blitz, R. Monsheimer, 1948 *(VI-)*
22	**Freundschaftskante**	**7**	G. Blitz, R. Monsheimer, 1948 *(V)*
23	**Saubär**	**6+**	G. Blitz, R. Monsheimer, 1948 *(VI-)*
24	**Mooswandkante**	**6-**	E. Gretschmann, 1935 *(IV+)*
25	**Mooswand**	**6+**	E. Gretschmann, 1935 *(IV)*
26	**Mooswandriß**	**4+**	E. Gretschmann, 1935 *(IV-)*
27	**Ochsenwandkante**	**4**	R. Monsheimer, Böhm, 1942 *(IV-)*
28	**Boulderquergang**	**8-**	

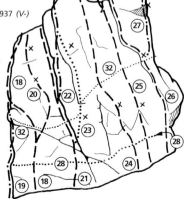

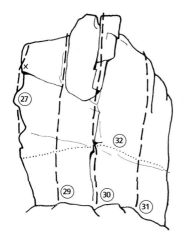

12.5 Ochsenwand

29	**Linke Ochsenwand**	**4**	*(III)*
30	**Ochsenriß**	**4-**	*(III)*
31	**Rechte Ochsenwand**	**4**	*(III)*
32	**Sibyllenpromenade**	**7-**	S. & G. Blitz, 1948 *(V/VI-)*

12.6 Fronleichnamswand

33	**Domkuppel**	**7**	G. Blitz, R. Monsheimer, 1948 *(IV-)*
34	**Muttergottesweg**	**5**	G. Blitz, R. Monsheimer, 1948 *(IV-)*
35	**Prozessionsweg**	**7**	G. Blitz, R. Monsheimer, 1948 *(IV+)*
36	**Letzte Ölung**	**7**	G. Blitz, 1948 *(V+)*
37	**???**	**B1**	
38	**???**	**7**	
39	**Hochamt**	**7-**	G. Blitz, O. Redel, 1948 *(V+)*
40	**Seufzerweg**	**5+**	G. Blitz, R. Monsheimer, 1948 *(V)*
41	**V: Rechter Einstieg**	**5+**	O. Redel, 1948
42	**Nordwändchen**	**2+**	

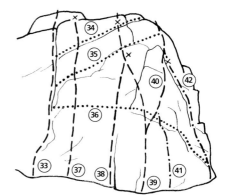

Bei den in Klammern gesetzten Bewertungen handelt es sich um die der Erstbegeher!

Gebiete um Höchst

Glaubte man den Berichten alpiner Marco Polos, so hatten die Klettergebiete des Hinteren Odenwalds wenig gemein mit dem steingewordenen Schalk eines Schorsch Blitz. Ihren Erzählungen zufolge hielt das ferne Land jenseits des Odenwälder Hauptkammes unermeßliche Schätze verborgen in flammend roten Buntsandsteinbastionen, deren Ausdehnung noch kein Mensch erforschen konnte. Zwar sei dies Eldorado nicht besiedelt von Zwergen und Riesen, auch wurde nichts vernommen von einem Fabelwesen, vielleicht mit vier Armen, die Krallen mutiert zu Skyhooks und Crack´n Ups, dafür aber von einem Phantom, das selbst dort noch hinaufkriechen sollte, wo ein bekannter deutscher Topklimmer nachweislich keine Chance gegen die Schwerkraft gehabt hatte.

Auf die Reichtümer direkt vor ihrer Haustür waren die Anwohner erst zu Beginn der achtziger Jahre aufmerksam geworden. Vor allem Helmut Dull, Franz Heffner, Dieter Heusel und Volker Rauch waren seitdem in Höchst, Hainstadt und im Silberwald emsig tätig gewesen. Anfänglich beschränkte sich die Erschließung mit wenigen Ausnahmen auf Toprope-Taten. Die Veröffentlichung eines Kletterführers zum Odenwald im Jahr 1985 lenkte die Aufmerksamkeit der Außenwelt auf die Möglichkeiten im Mömlingtal, was die Lokalmatadore zu um so emsigerer Bohrtätigkeit veranlaßte. Zuverlässige Quellen, die jetzt reichlicher zu fließen begannen, entlarvten das oben erwähnte „Phantom" als einen Menschen aus Fleisch und Blut, nämlich Franz Heffner. Mit der "Amerikanischen" Begehung der „Via Renata" hatte er in aller Stille in Höchst an einem Herbsttag des Jahres 1984 die Epoche des 9. Grades im Odenwald eingeleitet.

Da der gesamte rechte Teil des Höchster Klettergebiets im Verlauf des Jahres 1986 zum alpinistischen Sperrbezirk erklärt wurde, verlagerte sich das Erschließungsinteresse auf den Hainstadter Klettergarten. Hier bewies die Alpenvereinssektion „Starkenburg" auf vorbildliche Weise, wie man durch „Felspatenschaften" das Klettern und die Belange des Naturschutzes fast reibungslos unter einen Hut bringen kann: die Wege, die zu den Einstiegen gebaut wurden, wirken wie zufällig. Sie sollen die nach Fels fiebernden Klettersohlen an dem aufatmenden Gesträuch und Getier vorbeilenken. Wenn nun die Kletterer noch freudig mitmachen, hätten die "Starkenburger" fast so etwas wie die Quadratur des Kreises hingekriegt.

Auf dem Weg des Lernprozesses, wie wir unsere Leidenschaft für das Klettern auch in Zukunft noch auf verantwortbare Weise leben können, sind uns Karl Horn und seine Mannen von der "Starkenburg" den bedeutendsten Schritt vorangegangen. Denn langfristig wird das Klettern im Mittelgebirge nur durch eine konsequente Selbsterziehung und -beschränkung möglich bleiben. Es wäre besser, wenn diejenigen, die hierzu nicht bereit sind, die Rheinebene gar nicht erst verließen. Denn eigentlich hat ihnen der Odenwald ja so oder so kaum etwas zu bieten. Es stimmt zwar, daß man in Zwingenberg, Schriesheim und im Neckartal schön und wenn man will auch schwer klettern kann, aber zu einem „Topklettergebiet" läßt sich unser Ourewald dennoch beim besten Willen nicht aufbauen. Um hier als Kletterer glücklich zu werden, muß man schon mehr suchen als den schweren Zug oder die Anerkennung der Szene. Ohne ein Auge für die weite, sanfte Hügellandschaft, ein Herz für die Geheimnisse der domartigen Waldhallen und Aufgeschlossenheit gegenüber dem zugleich derben und freundlichen Menschenschlag, der in diesen Bergen wohnt, wird einem Besuch der Waldberge nur wenig abgewinnen können. Wer aber bereit ist, dem Vorbild von Emil Gretschmann, Schorsch Blitz und Reinhard Karl nicht nur im körperlichen Sinne zu folgen, dem wird der Odenwald mehr geben als manch magnesiabestaubte Freikletterarena. Wenn Du dann am Abend nach großen Taten an kleinen Felsen in einer gemütlichen Kneipe sitzt, vor Dir eine köstliche Portion „Handkäs mit Musik" und den zweiten Krug Odenwälder Äppelwoi, wirst Du es kaum bereuen, Dich in diesen alpinistischen Nebenschauplatz verirrt zu haben.

Werner Lautenschläger in „Sandale Magica" (8) - Höchst

13 Silberwald

Erst 1978 wurde der versteckt im Wald liegende Steinbruch von Jockel und Matthias Kaiser aus Dieburg entdeckt. Nach bekannt werden ihrer Aktivitäten halfen ab 1983 auch einige Darmstädter und Odenwälder Kletterer bei der Erschließung mit. Man begann die bereits vorhandenen Routen mit Bühlerhaken zu versehen und erschloß rasch weitere Bereiche, so daß sich der Silberwald bald zu einem der beliebtesten südhessischen Klettergebiete entwickelte.

Unvermittelt wurden dann 1985 die DAV-Sektionen Starkenburg und Darmstadt von den Behörden aufgefordert, alle Haken zu entfernen und das Klettern im Steinbruch zu unterlassen. Um die drohende Sperrung zu verhindern, gründete Jockel Kaiser mit einigen Getreuen noch im selben Jahr die „Odenwälder Kletterfreunde e.V.", welche sofort den privaten Teil des Steinbruchs pachteten, wobei das Klettern und Hakensetzen ausdrücklich festgeschrieben wurde. Nachdem die Behörden darüber Kenntnis erlangten, wurde für den rechten, staatlichen Wandteil ein Kletterverbot ausgesprochen.

Im April 1994 wurden dann erneut verschiedene DAV-Sektionen aufgefordert sämtliche Haken zu entfernen. Der Verpächter informierte die „Odenwälder Kletterfreunde" darüber, daß die Obere Naturschutzbehörde plane, das gesamte Steinbruchgebiet als Naturschutzgebiet auszuweisen. Die mittlerweile gegründete AG Klettern & Naturschutz im Odenwald (AGKNO) versuchte daraufhin das Schutzwürdigkeitsgutachten ausgehändigt zu bekommen. Seitens der Behörden wurde jedoch gemauert und das Gutachten erst 4 Tage vor dem Anhörungstermin zur Verfügung gestellt.

Wie man sich denken kann, waren alle Versuche, das Verfahren für den Klettersport noch positiv zu beeinflussen vergeblich. Die Verordnung zum Naturschutzgebiet „Burzelberg" trat am 1.1.1995 in Kraft. Dabei wurde allein aus Gründen des Wanderfalkenschutzes eine bundesweit an Härte bisher nicht übertroffene Sperrfrist für den gepachteten östlichen Teil vom 1.12. bis 15.07. verfügt – ohne Berücksichtigung der Distanz zu dem potentiellen Brutplatz (Kunsthorst) und ob ein Brutversuch erfolgt oder nicht.

Diese „himmelschreiende Ungerechtigkeit" rief Eric Barnert, Referent für Klettern & Naturschutz des DAV-Landesverbandes Hessen, auf den Plan. Er reichte eine Petition an den hessischen Landtag ein und erlangte bei einer Unterredung mit dem hessischen Innenminister Gerhard Bökel die vorläufige Aussetzung von weiteren geplanten Klettergebietssperrungen. Dieses Moratorium gilt bis zur Fertigstellung der landesweiten Kletterkonzeption des DAV, die unter Mitwirkung des Landessportbundes Hessen erarbeitet wird. In den sich daran anschließenden Gesprächen sollen dann Streitfälle wie Silberwald und Zwingenberg nochmals verhandelt werden. Die entsprechenden Anträge zur Novellierung der beiden Verordnungen wurden 1997/98 von Hubertus Heinikel, dem Sprecher des DAV-Landesausschusses Klettern & Naturschutz bei den zuständigen Behörden eingereicht.

Lage	Etwa 3 km nordwestlich von Höchst im nördlichen Odenwald liegt der Steinbruch Silberwald innerhalb der südlichen Ausläufer des Burzelberg (352 m).
Anfahrt	**per Auto:** Über Dieburg oder Höchst, auf der B 45. Der Parkplatz befindet sich direkt an der Bundesstraße, schräg gegenüber vom ehemaligen Gasthof „Silberwald", oberhalb der Ortschaft Frau-Nauses.

Philipp Higgins in „Ohne Kante" (8) – Silberwald

13 Silberwald

Anfahrt **per Bus und Bahn:** Mit der Bundesbahn von Darmstadt, Frankfurt-Hanau oder Stuttgart via Ebersbach zum Bahnhof Wiebelsbach-Heubach. Von dort der Markierung (Rotes Kreuz) folgen, zur B 45 hinauf und über diese hinweg auf den Höhenrücken. Nun den blauen Kreuzen nach, in den Wald hinein, weiter bergauf, bis schwarze Dreiecke, rechts abbiegend zum Steinbruch leiten. Oder, parallel zu den Gleisen nach Frau Nauses hinein, dann links die Zufahrtsstraße hinauf, bis rechts eine kurze Straße mit nachfolgendem Fußpfad zum ehemaligen Gasthaus an der B 45 führt.

Zugang Vom Parkplatz zu dem rechts am ehemaligen Gasthaus „Silberwald" beginnenden Forstweg, dem man folgt, bis rechts ein etwas schmalerer Weg abzweigt, der in einem Bogen zum Klettergebiet führt.

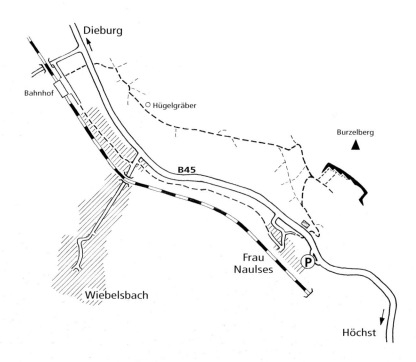

kletter-infos PUR!

10 mal im Jahr das volle Programm:

Bouldern

Bergsteigen

Expeditionen

Sportklettern

www.klettern.de
[der Infopool für Kletterer]

www.klettern-shop.de
[die Quelle für aktuelle Kletterführer und Videos]

Oder in Papierform am Kiosk, im Bergsportfachgeschäft oder besonders günstig im Abonnement (Deutschland: € 49,90, Schweiz: 99,90 sfr, Österreich: 58,00 € pro Jahr, E-Mail: abo-service@scw-media.de).
Redaktion: klettern, Zieglergasse 11, D - 70372 Stuttgart, Telefon 0711 / 9547926, Fax 0711 / 9547928, E-Mail: redaktion@klettern-magazin.de

13 Silberwald

Charakter Der ehemalige Steinbruch weist steile Wand- bis schwach geneigte Plattenklettereien auf, die mit einigen Rissen, Verschneidungen und Dächern versehen sind. Für die überwiegend nur als Aufleger zu nutzenden Löcher und Leisten ist daher einiges an Ausdauerkraft gefragt. In der 10 bis 25 m hohen Wand, deren Sandstein von bester Qualität ist, finden sich über 60 Routen und Varianten zwischen 6- und 9, mit Schwerpunkt im 6. und 7. Grad. Aufgrund der durchwegs hohen Schwierigkeiten ist der Silberwald kein Gebiet für Anfänger. Trotz der guten Absicherung mit Bühlerhaken sind in vielen Routen zusätzlich Keile, Schlingen und Friends unumgänglich, insbesondere in *Silberrotz*, *Delirium* und *Erkältung*, welche clean erstbegangen wurden. Nach Regenfällen ist mit länger anhaltender Nässe zu rechnen.

Regelungen Zur Zeit (1998) ist im linken und mittleren Steinbruchbereich, das Klettern ausschließlich vom 15. Juli bis 30. November erlaubt. (Route 1 – *Ruhe sanft* bis Route 45 – *Fahrstuhl*), obgleich beide Sektoren sich auf dem von den Odenwälder Kletterfreunden gepachteten Gelände befinden. Der rechte Teil ist zur Zeit (1998) ganzjährig, uneingeschränkt gesperrt und darf auch nicht erwandert werden. Bitte unbedingt die im Gebiet aushängenden Informationen beachten, vor allem, da sich die zeitlichen und räumlichen Sperrungen ändern können.

Desweiteren darf nicht über die Felskanten ausgestiegen werden. Die Befestigung von Toprope-Seilen oben an den Bäumen ist unzulässig. Im Steinbruch besteht absolutes Hundeverbot; Zelten und Feuermachen sind im gesamten Naturschutzgebiet nicht erlaubt. Selbstverständlich sind alle Abfälle wieder mitzunehmen, inklusive Zigarettenkippen. Sämtliche Neutourenprojekte müssen vorher abgeklärt werden (Kontakt: Odenwälder Kletterfreunde e.V., Jockel Kaiser: 0 60 71/13 84; Werner Lautenschläger: 0 60 63/32 68).

Gastronomie Das Restaurant Sonnenhof mit Terrasse zum Draußensitzen (Talblick) befindet sich nur wenige 100 m vom Parkplatz entfernt, direkt an der Bundesstraße Richtung Höchst. Im Ortszentrum von Höchst gibt es diverse weitere Möglichkeiten, wobei von den Locals eine gewisse Pizzaschmiede besonders bevorzugt wird.

Timo Lautenschläger in „*Virus*" (9+) – Hainstadt

13 Silberwald I

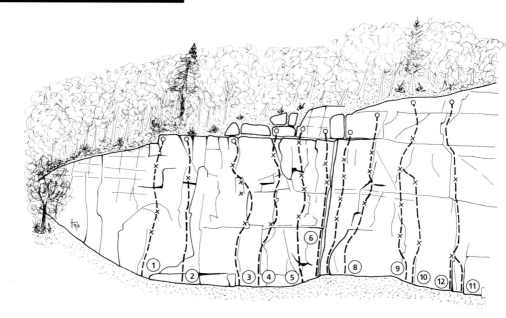

1	Ruhe sanft	8-	
2	Freiflug	7-	
3	Purple Rain	8-	
4	Silberrotz	6	(KK, Friends)
5	Cross over	8	
6	Delirium	6	(KK, Friends)
7	Ohnmacht	9-	
8	Qual ohne Wahl	7+	
9	Langes Elend	8	
10	Station 25	8+/9-	
11	Erkältung	6+	(KK, Friends)
12	V: **Direkter Einstieg** (links)	7	

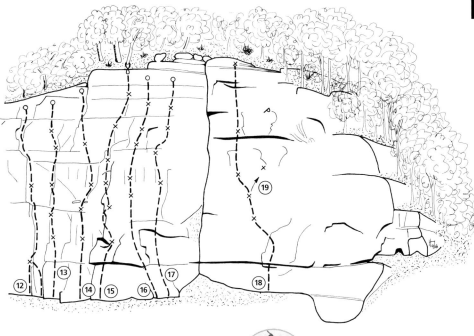

Aktuelle Regelung – Kletterverbot vom 01.12. bis 15.07. jeden Jahres. Kein Aussteigen, Umlenkhaken benutzen.

13	**X-Riß**	8
14	**Y-Riß**	8-
15	**Ende der Ruhe**	7+
16	**Vagabond**	8+/9-
17	**Gatting**	8
18	**Vadder`s geht**	7
19	**??? (altes Projekt)**	*fatzenglatt und sackschwer*

13 Silberwald II

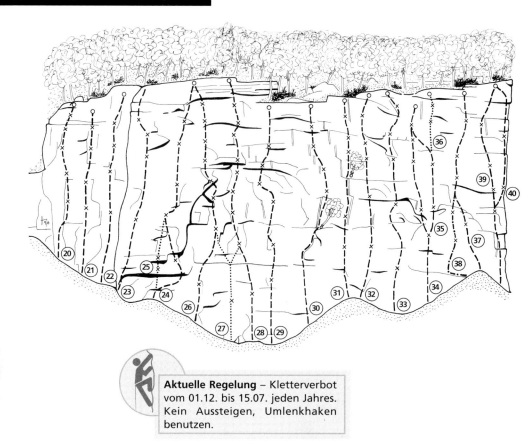

Aktuelle Regelung – Kletterverbot vom 01.12. bis 15.07. jeden Jahres. Kein Aussteigen, Umlenkhaken benutzen.

20	**Terzel**	6-/6
21	**Otto**	7-
22	**Bettelflug**	7+
23	**Oktoberweg**	6+
24	**Kaiserweg** (ohne Dach)	7-
25	V: **Kaiserweg Direkt**	7+
26	**Traumkante**	7/7+
27	V. **Überholspur**	7-
28	**Laser**	7-/7
29	**Kopfstand** („Wälzdach")	7+
30	**Bäumchen**	6
31	**Homöopath**	6+
32	**Ouweroue**	8-
33	**Schiffsbug**	6+/7-

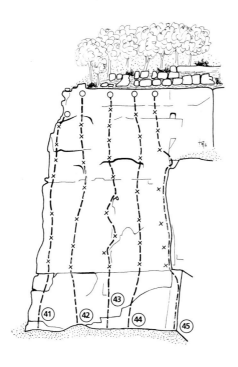

34	Lebbe geht weiter	6-/6	
35	Jonny	6	
36	V: **Direkter Ausstieg**	7	
37	**Kucheblesch**	6-	
38	V: **Linker Einstieg**	7	
39	**Babba**	7-	
40	**Sandmännchen**	6	
41	**Qual der Wal**	8	an die Kante gequetscht
	V: mit links der Kante	7+ bis 8-	
42	**Atom**	9+	1.RP Timo Lautenschlager
43	**Last Wall**	9	
44	**Ei des Kolumbus**	9	
45	**Fahrstuhl**	7+	

13 Silberwald III

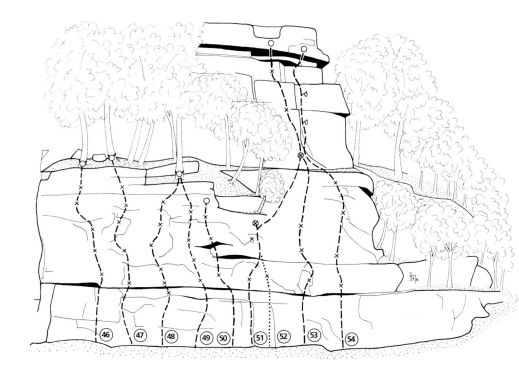

46	Wunderland	7+/8-	
47	Zick	7-	
48	O(hne) K(ante)	8	*(mit Kante: 8-)*
49	Zack	7+	
50	Flipnuts	8-	
51	Alfred Edel	6-	
52	V: **Direkter Einstieg**	7-	
53	Schweissnass	6+	
54	Teamwork	7	

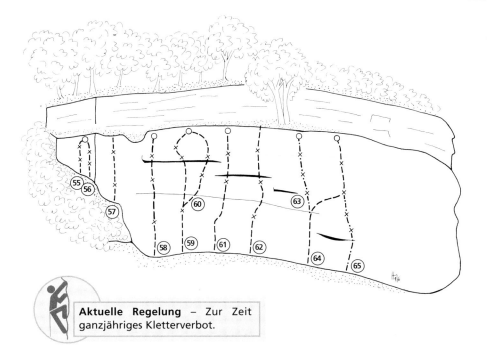

Aktuelle Regelung – Zur Zeit ganzjähriges Kletterverbot.

55	**Kurz und hart**	8-
56	**Kurz und knackig**	7+
57	**Kurz und bündig**	6+
58	**Groadnuff**	7-
59	**Loosertour**	8-
60	**Amadeus**	6+/7-
61	**Lorenza**	7-/7
62	**Illusion**	8
63	**Intimidation**	7+
64	**Schlingel**	7-
65	**Do You Remember**	7

14 Höchst

Lage Unmittelbar oberhalb von Höchst, am südöstlichen Ortsrand.

Charakter Im bis zu 25 m hohen Steinbruch Höchst finden sich überwiegend senkrechte Wandklettereien, deren Schwierigkeiten fast ausnahmslos zwischen 6+ und 9- rangieren. Bis auf die leichten, etwas brüchigen Routen ganz links, sind im linken Wandteil (Stadt Höchst) die meisten Routen mit Bühlerhaken und Umlenkungen ausgestattet. Im rechten, privaten Steinbruchbereich sind hingegen so gut wie keine Haken vorhanden.

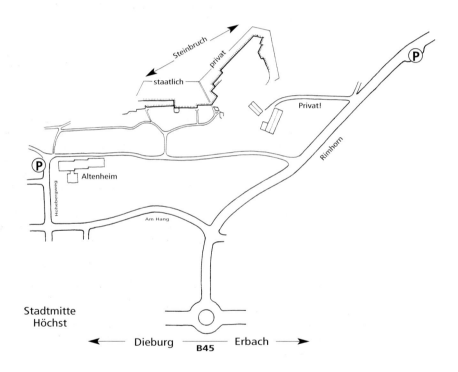

Anfahrt	**per Auto:** Über Dieburg oder Erbach die B 45 beziehungsweise von Obernburg auf der B 426 nach Höchst. In Höchst, nahe des südlichen Ortsausgangs (Kreisel, Tankstelle), Richtung Rimhorn abbiegen, und nach ca. 150 m links in die Straße „Am Hang". Dieser folgen, bis rechts der Hohebergweg abzweigt, an dessen Ende sich Parkmöglichkeiten vor einem Altenheim befinden.
Anfahrt	**per Bus und Bahn:** Mit der Bundesbahn über Darmstadt, Hanau oder Aschaffenburg nach Höchst. Der Steinbruch ist vom Bahnhof aus deutlich zu sehen. Die Bahnhofsstraße zu Fuß hinab Richtung Ortsmitte und entlang der B 45 ein kurzes Stück nach Süden. Bei der Abzweigung Richtung Obernburg (B 426) auf die andere Straßenseite wechseln und der Dusenbacher Straße bis zur Abzweigung des Hohebergwegs folgen. Diesen immer bergauf bis zu seinem Ende.
Zugang	Am oberen Ende des Hohebergwegs rechtshaltend zu einer Treppe am Waldrand, diese hinauf zum Querweg und auf diesem nach rechts zum Steinbruch.
Regelungen	Bereits 1985 wurde der rechte Bereich des Steinbruchs vom Grundstückseigentümer komplett gesperrt und eingezäunt, Eindringlinge werden nicht geduldet. Der linke Steinbruchbereich befindet sich im Eigentum der Stadt Höchst, welche 1986 ein ganzjähriges und uneingeschränktes Kletterverbot aussprach, welches allerdings der rechtlichen Grundlage absolut entbehrt. Denn das Kletterverbot fußt auf dem Argument, daß diese Fläche als potentielle Ausgleichsfläche für eventuelle Baumaßnahmen im Stadtbereich bevorratet werden soll. Desweiteren wurde, um Tatsachen zu schaffen, mittels Kernbohrgerät der Fels „vergewaltigt" und eine hübsch-häßliche Brutnische in denselben getrieben, die den Geschmack des Wanderfalken treffen soll. Dieser hat das Angebot aber bisher ignoriert.

Da die Begründung des Kletterverbots rechtlich völlig haltlos ist, besteht eine Sperrung de facto also nicht. Dennoch wurde, um einer Klimaverschlechterung vorzubeugen, von den Kletterern bisher freiwillig auf die weitere Bekletterung verzichtet, was nicht heißt, daß die „Sperrung" von unserer Seite aus akzeptiert wird, ganz im Gegenteil. Der freiwillige Verzicht soll zunächst nur beibehalten werden, weil der Hessische Landesausschuß Klettern & Naturschutz zur Zeit auf Regierungspräsidiumsebene um eine einvernehmliche Lösung verhandelt.

14 Höchst

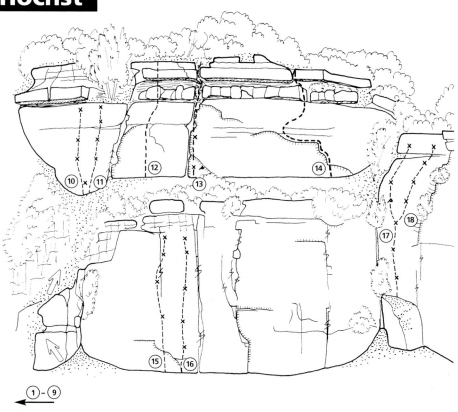

Staatlicher Bereich

1	**El Diable**	4-	
2	**Seppo Band**	4	
3	**Krampfader**	6	
4	V: **Direktvariante**	6	
5	V: **Direktausstieg**	5	
6	**Sackgasse**	IV/A0	*(gefährlich)*
7	**Kassi**	3+	*(brüchig)*
8	**King Lani**	5	*(TR)*
9	**Medulla Oblongata**	6	
10	**Carta Verde**	7-	
11	**Primus**	6+	
12	**Concerto molto grosso**	4+	*(TR)*
13	**Rue de Repos**	4+	
14	**Nightmare**	5	*(TR)*
15	**Tyrannosaurus Rex**	8-	
16	**Sooner or Later Alligator**	8+	
17	**Saft**	7-	
18	**Z 287**	6+	

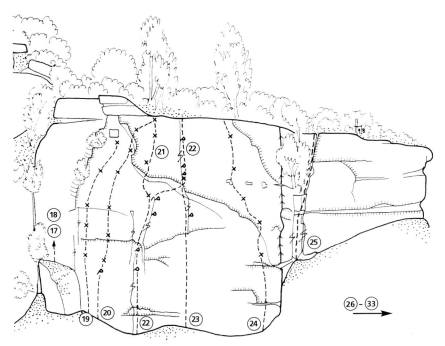

19	Pulcinella	7	
20	Sonnenuntergang	7-/7	
21	Sandale Magica	8	
22	Via Renata	9-	(6, A1)
23	Via Renata Direkt	9-	TR
24	Harlekin	8-	
25	Dirty Weekend	4-	

26	Kleiner Quergang	4	Boulder
27	Wäh!	4-	Boulder, brüchig
28	Linke Kante	3	Boulder
29	Erste Zinnenwand	4	Boulder
30	Rechte Kante	4	Boulder
31	Rechte Kante rechts	5	Boulder
32	Jennes Filler	5+	Boulder
33	V: Rechte Variante	6-	Boulder

Die Boulder 26 bis 31 befinden sich auf Privatgelände.

Aktuelle Regelung – Zur Zeit freiwilliger Kletterverzicht.

14 Höchst

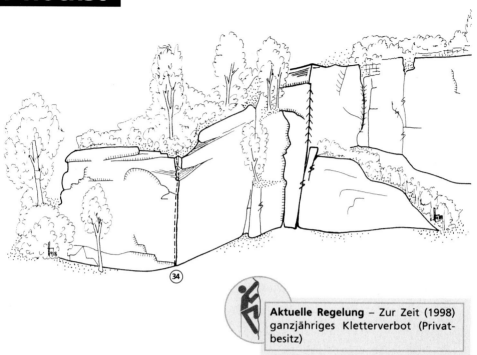

Aktuelle Regelung – Zur Zeit (1998) ganzjähriges Kletterverbot (Privatbesitz)

Privater Bereich

34	**Champs Elysee**	**6+/7-**	(TR)
	Naked on the Edge		
35	**Kollaps**	**6+/7-**	(TR)
36	**Boulderquergang** B 1	**5 - 7**	(Quergang)
37	**Reinhard Karl**	**7**	(TR)
38	**Brüder zur Sonne zur Freiheit**	**7**	
39	**Gary Hemming**	**7**	(clean)
40	**Che Guevara**	**5-**	(clean)
41	**Syph-Risse**	**4**	(clean)
42	V: **Piazausstieg**	**5+**	(clean)
43	V: **Rißausstieg**		(clean)

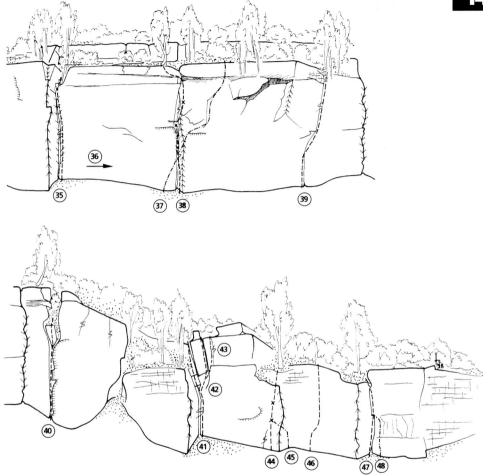

44	**Weggehn nützt nichts**	**7/7+**	
45	V: **Rechter Einstieg**	**6**	*(TR)*
47	**Sandsturm**	**6+/7-**	*(TR)*
48	**Fuddler**	**6+**	*(clean)*
49	V: **Rechter Einstieg**	**5+**	

15 Hainstadt

Werner Lautenschläger und Rolf Fäth entdeckten 1980 den Steinbruch oberhalb von Hainstadt und erkannten sein klettersportliches Potential. Die ersten Routen eröffneten sie noch mit schweren Bergschuhen, wobei die Hauptschwierigkeiten jedoch im Kampf mit Sand und losem Gestein lagen. Insbesondere die Kletterer der DAV-Sektion Starkenburg waren damals im Steinbruch aktiv. Und sie waren es auch, die 1984, zum 100. Geburtstag ihrer Sektion, den „Starkenburger Klettersteig" einrichteten, der zu einem beliebten Ziel wurde.

Noch im selben Jahr konnte die Sektion Starkenburg mit der Stadt Breuberg einen Nutzungsvertrag für den Steinbruch abschließen, der 1995 in einen Pachtvertrag umgewandelt wurde. Die Betreuung des Steinbruches und des umliegenden Geländes übernahmen die "Odenwälder Kletterfreunde", sie legten Wege zu den Wänden an und richteten den größten Teil der heute vorhandenen Routen ein. Vor allem Karl Horn, Hans Heller, Friedel Sautier, Werner Lautenschläger, Jockel Kaiser, Dieter Heusel, Siggi Philipp, Harald Steiger, Christian Harang und Rolf Fäth hatten und haben maßgeblichen Anteil bei der Erschließung und Pflege des Klettergebietes.

Lage	Der Steinbruch befindet sich nordöstlich von Höchst im Mömlingtal, am Südhang des Eselsberg (281 m), unmittelbar oberhalb von Hainstadt.
Anfahrt	**per Auto:** Über Dieburg oder Erbach die B 45 nach Höchst und dort auf die B 426 Richtung Obernburg abbiegen. Nach ca. 7 km erreicht man Hainstadt und biegt dort kurz vor dem nördlichen Ortsausgang nach Wald-Amorbach ab. Nach ca. 1 km, in der zweiten Haarnadelkurve (Linkskehre) rechts raus zu dem ausgeschilderten Parkplatz, der sich unmittelbar vor dem Steinbruch befindet. Der Steinbruch ist bereits von der B 426 deutlich zu sehen.
	per Bus und Bahn: Mit der Bahn bis nach Obernburg oder Höchst. Zwischen den beiden Orten verkehrt die Buslinie 8003 der Verkehrsgemeinschaft Untermain (VU), die in Hainstadt 2 Haltestellen anfährt. Unter der Woche gelangt man auch mit dem Bus RMV 22 hierher. Von der Haltestelle „Sparkasse" in Hainstadt die Straße nach Wald-Amorbach in ca. 20 min zu Fuß hinauf zum Steinbruch.
Zugang	Innerhalb einer Minute vom Parkplatz zur Wand (Infotafel beachten!)
Charakter	Der nach Süden ausgerichtete, 14 bis 25 m hohe Steinbruch wartet mit steilen Wand- und Plattenklettereien auf, die mit einigen Rissen, Verschneidungen und netten Dächern versehen sind. Der hervorragend feste Sandstein ist von bester Qualität. Die Schwierigkeiten der über 60 Routen liegen zwischen 4- und 9+, zumeist aber im Bereich von 6+ bis 8, und verlangen einiges an Ausdauerkraft. Da nur wenige Anfängerrouten vorhanden sind, erfreut sich der Starkenburger Klettersteig (4+) großer Beliebtheit. Die Absicherung ist sehr gut, da die Routen von den Odenwälder Kletterfreunden komplett mit soliden Bühlern und Umlenkhaken ausgestattet wurden.

Eric Barnert in „Neun Zendel" (9-) – Hainstadt

15 Hainstadt

Regelungen Zur Zeit (1998) bestehen keine Einschränkungen für den Klettersport. Da sich dieses ändern kann, bitte die Infotafel beachten. Der Steinbruch ist seit 1984 von der DAV-Sektion Starkenburg gepachtet. Diese bittet alle KlettererInnen die nachfolgend genannten Verhaltensregeln zu beachten…
- Nur die angelegten Zugänge zu den Wänden benutzen.
- Kein Aussteigen, Umlenkhaken benutzen.
- Kein wildes Parken und Feuer. Parkplatz, Grillstelle und Lagerfeuerplatz benutzen, welche vom Naturpark Bergstrasse-Odenwald zur Verfügung gestellt sind.
- Sorgsamer Umgang mit allen Einrichtungen.
- Das Gelände sauber halten, Müll und Abfälle wieder mitnehmen.

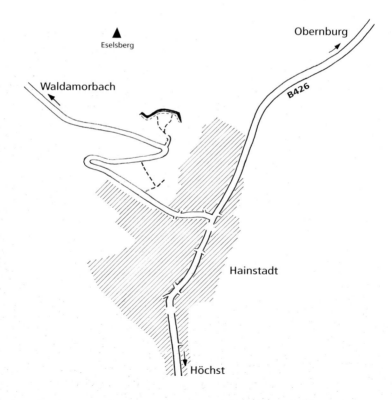

15 Hainstadt

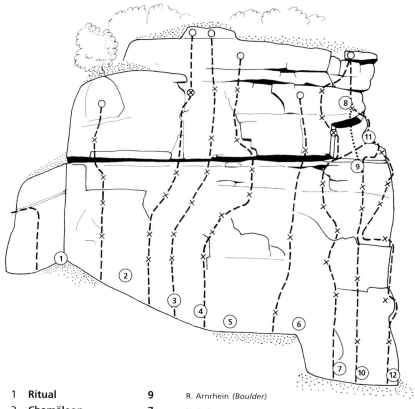

1	**Ritual**	9	R. Arnrhein *(Boulder)*
2	**Chamäleon**	7+	H. Steiger
3	**Nacktschnecke**	7−	J. Kaiser
4	**Raupe**	8−	W. Lautenschläger
5	**Schnecke**	7	W. Lautenschläger
6	**Matura**	7+	S. Philipp
7	**Vampir**	6+	W. Lautenschläger, R. Fäth
8	V: **Hexentanz**	6+	*(üblicher Ausstieg)*
9	V: **Originalausstieg**	5+	W. Lautenschläger, R. Fäth *(clean)*
10	**Aktion Direkt**	7+	D. Heusel
11	V: **Superdirekte**	7	
12	**Südwestkante**	6+	W. Lautenschläger, R. Fäth

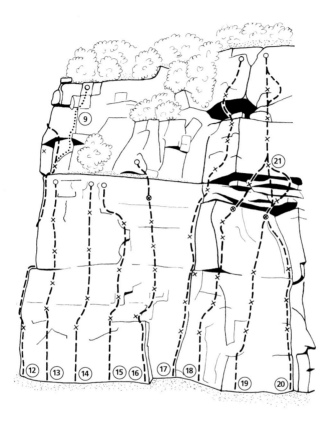

13	**Narzis**	8	J. Krause
14	**Goldmund**	8-	J. Krause
15	**Schuppe**	7-	W. Lautenschläger
16	**Fingertaub**	7+	W. Lautenschläger
17	**Fantasia**	6+	S. Philipp, H. Steiger
18	**Krampf**	8	S. Philipp, Haas
19	**Zwergenaufstand**	7+	S. Philipp
20	**Amigo**	6	W. Lautenschläger
21	**Sudden Death**	8	J. Kaiser, H. Steiger

15 Hainstadt

Aktuelle Regelung – Auf den Pfaden bleiben. Kein Aussteigen, Umlenkhaken benutzen.

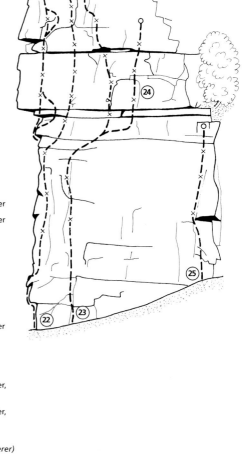

22	Penalty	8-	W. Lautenschläger
23	Tax free	7	W. Lautenschläger, R. Amrhein
24	Exil	6+	J. Krause
25	Barnie Geröllheimer	7	P. Barnack
26	Schmutziger Kamin	4	(clean)
27	Tussi	6-	J. Kaiser
28	Jockel´s Wändchen	7+	J. Kaiser
29	Königer Kante	6+	W. Lautenschläger, R. Fäth
30	V: Harrykiri	8-	H. Steiger
31	V: Joe Sprays	7+/8-	R. Amrhein
32	Zeller Turm	4+	W. Lautenschläger, R. Fäth, Joseph
33	Klar zum Entern	8-	W. Lautenschläger, H. Steiger
34	Kuantensprung	9-	J. Krause (für Kleine schwerer)
35	V: Einstiegsvariante	9+	Chr. Harang
36	Virus	9+	T. Lautenschläger
37	Rhesusfaktor	9-	J. Krause (für Leute unter 1,80 m ≥ 9, bei < 1,70 unmöglich) 1. RP: B. Hornauer
38	Des Teufels Alternative	9-	Chr. Harang
39	Glasperlenspiel	9	S. Glowacz
40	Spaghetti-Killer	8+	D. Heusel

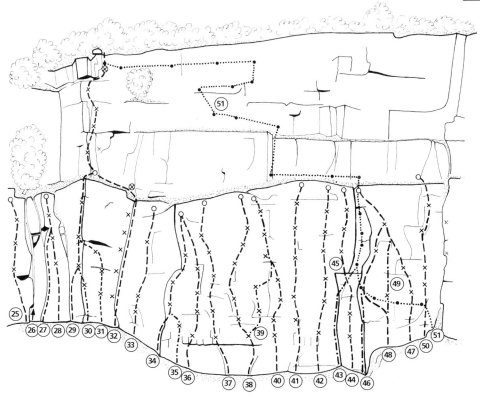

41	**Neun Zendel**	9-	H. Zendel
42	**Shimoon**	8-	H. Steiger
43	**Kleine Verschneidung**	4	*(clean, ohne Drahtseil bis zum Absatz)*
44	**Knäckebrot**	7	M. Knaak, J. Altner
45	**Laudi**	7+	W. Lautenschläger
46	**Kleine Kante**	4	*(ohne Drahtseil bis zum Absatz)*
47	**Heuselplatte**	6+	D. Heusel *(oben ohne Kante)*
48	*V:* **Kantenzustieg**	5+	
49	*V:* **Direkter Zustieg**	7-	
50	**Latscho**	7	H. Steiger, W. Lautenschläger
51	Starkenburger Steig		*(ohne Drahtseil: 4+)*

15 Hainstadt

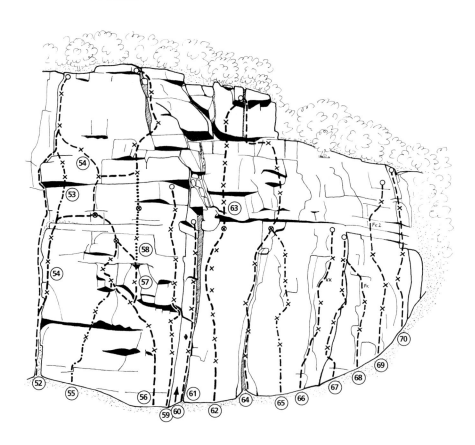

52	**Viel Steine gab's...**	4-	W. Lautenschläger, R. Fäth *(clean, brüchig)*
53	**Dreiecksdach**	8-	S. Heitzmann
54	**Lustiger Opa**	4+	R. Fäth, H. Heller *(bis Abs. 2. SL 5+)*
55	**???**	9	
56	**Lena**	7	H. Heller
57	**Nase direkt**	7	W. Lautenschläger
58	**V: ???**	7+	W. Lautenschläger
59	**Siddartha**	8+	T. Lautenschläger
60	**Mission Impossible**	9+	T. Lautenschläger *(5 Kunstgriffe)*
61	**Schrubber**	4+	H. Heller
62	**Eiskalt**	9	T. Lautenschläger *(abs. am 7. H)*
63	**???**		T. Lautenschläger
64	**Quälriß**	7	J. Brutscher *(abs. am 5.H üblich)*
65	**Plattmacher**	8	J. Krause
66	**Cornflakes**	8-	Chr. Harang
67	**Achilleskante**	8+	Chr. Harang
68	**Schraubstock**	8	S. Glowacz *(clean)*
69	**True Friend**	7	R. Fäth, W. Lautenschläger
70	**Blutspur**	6-	R. Fäth, W. Lautenschläger
71	**Odenwald Autobahn**	bis 6+	*(Quergang von R 3 bis R 32)*

Neutouren im Odenwald

Infos: Jo Fischer, Markus Mayer, Eric Barnert

Seit der dritten Auflage des Kletterführer Odenwald sind besonders im Schriesheimer Steinbruch - aber auch in anderen Klettergebieten im Odenwald - etliche alte Projekte eingerichtet und inzwischen frei geklettert worden. Des weiteren wurden im Zuge der Sanierungsarbeiten viele Routen entrümpelt. Die nachfolgende aktualisierende Auflistung verdankt ihr der AG K&N im Odenwald e.v. - ihr dürft dafür im Gegenzug gerne die Seite 167 aus dem Führer reißen und sinnvoll verwenden.

1.Schriesheim - A. Sektor Fingerriß
Ohne Worte (7+): Der ungesicherte und exponierte Stand auf dem Pfeilerkopf am Beginn der Route, wurde mit einem Standhaken versehen.

1.Schriesheim - B. Sektor Tannenriß
Fatboy Slim (7+): 1.Beg.: Markus Mayer. Zwischen Grünes Ekel und Musterkante über 4 H zu UH.
La ovella negra (9-/9): 1.Beg.: Markus Mayer. Pralle Wandkletterei rechts der Musterkante (5 H, UH), mit einem äußerst kniffligen Dynamo.
Techno-Riß (7): Die selbstmörderische Hakenrassel von Anno dunnemals wurde entrümpelt und saniert (5 H, UH). 1. RP: Markus Mayer.
Noch nicht sanierte Routen: *Krawallkamin (oben), Flying Circus mit Kaminausstieg, Die Allerletzte*.

1.Schriesheim - C. Sektor Eiertour
Wasserfall (6): Der Originalausstieg durch die Verschneidung ist entrümpelt und saniert worden. Über insgesamt 5 H geht´s nun zur neuen Umlenkung der wieder kletterbaren Route hinauf.
Schollebampl (8): Markus Mayer & Ralf Blumenschein haben endlich ihr altes TR-Projekt zwischen Bambino und Balanceakt eingerichtet und geklettert. Die Route führt über 2 H direkt an der Kante hinauf zum UH von Bambino und gilt als zur Zeit schwerste Kantenkletterei Schriesheims.
Noch nicht sanierte Routen: *Handkäs* (Umlenkung fehlt noch wegen ungenügender Felsqualität).

1.Schriesheim - D. Sektor Phoenix
Blutwurst (7+): Die Route wurden entrümpelt, die fehlenden 2 BH ersetzt und eine Umlenkung angebracht.
Phoenix (5+/6-): Für Schriesheimer Verhältnisse etwas ungewöhnliche Kletterei, die nun mit 2 vernünftigen Haken und einer Umlenkung ausgestattet ist.
Noch nicht sanierte Routen: *Blöde Schnepfe, Grandezza, Mürbe Kekse*.

1.Schriesheim - E. Sektor Piazriß
Noch nicht sanierte Routen: *„21" (Bambule), Linke Rampe*. Bei *Schuppenwand, Macho* und *Rechte Rampe* fehlen noch die Umlenkungen, teilweise aufgrund ungenügender Felsqualität im Bereich der Abbruchkante.

1.Schriesheim - F. Sektor Ikarus
No Mercy (7-): Die alte Toprope-Route (ehem. 7/7+) wurde entrümpelt und saniert (4 H, UH). 1. RP: Jo Fischer, Eric Barnert (lohnend).
Tschechenroute (5+): 1.Beg.: Karel Belina & Gefährten. In Tschechenmanier direkt links von Hart aber Herzlich die etwas brüchige Verschneidung über 3 H zur Umlenkung hinauf.
Dream of hard Rock (6+): Die einst gefährlich brüchige Route wurde von Rolf Habich entrümpelt, saniert und RP geklettert. Sie führt nun über 3 H in direkter Linie zur Umlenkung hinauf (lohnend).

1.Schriesheim - G. Sektor Big Dog
Märchenprinz (6+): Die Toprope-Route (vormals 6+/7-) wurde entrümpelt und mit 3 H sowie einer Umlenkung versehen. 1.RP: Jo Fischer, Markus Mayer (lohnend).
Nasenmann (7+): 1.Beg.: Eric Barnert, Michael Donke, Helge Schneider. Rechts von Nix guat über den Plattenpfeiler direkt zum UH von Schwerkraft hinauf (insgesamt 5 H, lohnend).

Schwerkraft (7): Die Routenführung hat sich durch die Entfernung des lockeren Gesteins geändert und führt nun zum Absatz der Reifenverschneidung hinauf, von dem aus ein deutlich längerer, anspruchsvoller Quergang (Crux) nach links zur Umlenkung führt (insg. 5 H). 1. RP: Markus Mayer, Jo Fischer.
Reifenverschneidung (7): Der Ausstieg wurde entrümpelt, der Weg ist insgesamt wieder kletterbar (4 H, UH).
Noch nicht sanierte Routen: *Nix guat*.

1.Schriesheim - H. Sektor Choucou
Noch nicht sanierte Routen: Bei *Broken Hero, Schotterpiste, Alles Paletti* und *Keilerei* fehlen aufgrund der ungenügenden Felsqualität im Bereich der oberen Kante noch die Umlenkungen. Daher diese Routen bitte nicht beklettern (Ausstiegsverbot).

1.Schriesheim - I. Sektor Offhand
Für die Routen *Numerus Clausus* und *Feuerzange* fehlt im Kletterführer die Schwierigkeitsbewertung. Sie lauten 4+ und 8-, oder umgekehrt?
Noch nicht sanierte Routen: *Alter Pfeiler, Nußknacker*. Bei *Kurzweil* und *„2"* fehlen noch die Umlenkungen.

1.Schriesheim - K. Sektor Mannheimer
Dachl (5+): Die Route hat einen eigenen Umlenker bekommen, so daß die das Seil verschleißenden Kanten rechts vom Dach kein Thema mehr sind.
Dingsbums (?): Bisher unbekannte, alte Route von Rolf Habich, unmittelbar rechts von Pulletutz (mindestens 1 alter Haken). Die Route ist so alt, daß Rolf selbst nicht mehr genau weiß wie schwer sie ist.
Per Definitionem (6): Neue Routenführung: nach dem 1. Haken der Helga nach links und über diesen und 2 weitere H gerade hinauf, zum Schluß wie gehabt rechtshaltend zur Umlenkung von Helga. Saniert und RP: Jo Fischer. Erstbegeher der Originalroute (s. Kletterführer: Rolf Habich, Hans Münch. Der richtige Name der Route lautet daher auch "Weinheimer Weg").
Schriesheimer Pfeiler (?): Bisher unbekannte, alte Route einige Meter rechts von Helga, mit mindestens 1 alten Haken.
Noch nicht sanierte Routen: *Mutriß, Pulletutz, Dingsbums, Schriesheimer Pfeiler*. Aufgrund der ungenügenden Felsqualität am Ausstieg fehlen bei den Routen *Überhängender Riß, Faustriß, Fledermaus* und *Traumkante* noch die Umlenkungen. In *Zacka* wurde der 2. Haken aus dem gleichen Grund noch nicht ausgetauscht. Da der Klettersteig rechts von *Wild* nicht zur Ausführung kommt, wird die dort vorhandene Route *Alter Weg (4+)* demnächst saniert werden.

1.Schriesheim - L. Sektor Cassin
Easyrider (4+): 1.Beg.: Jo Fischer (free solo, clean). Einstieg wie Steger, dann kurze Querung nach links (Crux), die seichte Verschneidung zwischen Henkelpfeiler und Steger hinauf und weiter zum UH von Henkelpfeiler oder Friesenglück. Direkter Einstieg (1 H): *Pupmatz (6-)*, 1. Beg.: Jo Fischer (free solo). Über glattes Wandstück direkt in die seichte Verschneidung.
Tissi (6): Der Einstiegspfeiler ist etwas kleiner geworden, wodurch sich die Schwierigkeiten den 1. Haken anzuklettern (!) nicht vergrößert haben. Des weiteren hat die Route eine eigene Umlenkung erhalten.
Cassin (6-): Der gesamte Einstiegsbereich, inklusive der Hangelschuppe hat sich durch einigen abhanden gekommenen Fels deutlich verändert.
Cool Fool - Direkter Einstieg (6+/7-): 1.Beg.:Markus Mayer. Durch den neuen Einstieg (2 H) jetzt eine völlig eigenständige Linie, die von unten direkt in der Verschneidung zum kleinen Dach hinauf führt.
Noch nicht sanierte Routen: *Mauerläufer*.

1.Schriesheim - M. Sektor Schinderhannes
Noch nicht sanierte Routen: Keine. In der Route Verschneidung ist lediglich der 4. Haken noch zu ersetzen.

1.Schriesheim - N. Sektor Mama Mia
Mobbing de Luxe (7+/8-): Alte Toprope-Route von Markus Mayer. Sie zweigt am 5. Haken des Andreas-Frank-Ged.-Weges nach links ab und führt dann gerade über eine rote Platte (2 H) zur Umlenkung (lohnend). 1.RP: Markus Mayer, Andreas Graf von Zedtwitz.
Trotzkopf (6-): Die Route wurde zusammen mit dem Direkten Einstieg inzwischen eingebohrt und weist jetzt insgesamt 4 Haken unter der Umlenkung auf. Auf keinen Fall sollte über die Umlenkung hinaus geklettert werden, das Gelände dort ist sehr brüchig und der leicht abgespaltene, große Pfeiler knirscht bei größerer Belastung, außerdem: Ausstiegsverbot.
Noch nicht sanierte Routen: *Große Kante, Riesenverschneidung, Klamottenwand, Wilder Derwisch, Direkter Einstieg zu Difisilisimo, Rechter Einstieg zu Trotzkopf.* In der Genußverschneidung muß noch 1 alter Haken ausgetauscht werden.

1.Schriesheim - O. Sektor Alpenjodler
Dossenheimer Weg (6): Die Route wurde entrümpelt und saniert. Statt 2 führen nun 4 Haken zur Umlenkung, wodurch die Route deutlich entschärft wurde.
Via Kathleen (6?): Wegen zu großer Brüchigkeit (infolge des Felssturzes) lohnte sich die Sanierung der Route nicht. Sie wurde daher rückgebaut und ist somit nicht mehr kletterbar.
Vitalis (8+): 1.Beg.: Eric Otto. Die Route beginnt wie The Beast, zweigt am 2. H rechts ab und führt dann zwischen The Beast und Zugluft über 3 BH zur Umlenkung.
Direkte Platte (6+/7-): Der alte Haken am Beginn des Ausstiegsrisses wurde durch einen neuen Klebehaken ersetzt. Die im Kletterführer dafür eingezeichnete Umlenkung entfällt.
Himmelsleiter/Harmonia: Wegen des brüchigen Geländes über dem letzten Haken, welches das Setzen einer Umlenkung nicht zuläßt, ist die Umlenkung der benachbarten Route Brücknerkante zu benutzen.
Schriesheimer Weg (4-): Alpine Genußkletterei (2 H, UH), die vor der Sanierung eine fast reine Bruchtour darstellte. Der Umgang mit Klemmkeilen und etwas brüchigem Gestein (oben) sollte Wiederholern dennoch vertraut sein.

An dieser Stelle noch einige Hinweise zu den Routensanierungen in Schriesheim:
Aufgrund unsicheren Gesteins an den Ausstiegen konnten eine Reihe von Routen bisher noch nicht mit Umlenkungen versehen werden. Dies betrifft insbesondere die Sektoren Choucou (Routen: Broken Hero, Schotterpiste, Alles Paletti, Keilerei) und Mannheimer (Routen: Überhängender Riß, Faustriß, Mutriß, Rastaman, Fledermaus, Traumkante) sowie die Route Handkäs an der 2. Wandstufe. Für alle diese Routen sind Spezialanfertigungen in Arbeit, deren Anbringung voraussichtlich noch etwas auf sich warten läßt. Die entsprechenden Routen im Sektor Choucou sollten daher zunächst nicht beklettert werden, um die dortige Regelung (Ausstiegsverbot) einzuhalten. Auch einige Zwischenhaken wurden wegen zweifelhafter Felsqualität bislang noch nicht saniert.

Hainstadt
Neues von der unermüdlichen Familie Lautenschläger:
Wolkenbruch (8-): Kräftige Kletterei links von Sudden Death (Nr.21)
Exil direkt (7+): Einstieg rechts von Tax Free (Nr.23), unten kompakt und kleingriffig über einen „künstlichen Naturgriff" gerade hinauf ins alte „Exil" und über den alten zum neuen Umlenker!

Zindenauer Schlößchen
Schloßwandquergang (9): Das passiert, wenn man mit dem Richtigen einen lockeren Ausflug an scheinbar unlohnende Felsquacken macht: Steffen Remus erboulderte den Quergang von links unterhalb der Schleierkante (Einstieg Nr. 21) bis zum rechten Rand der Schloßwand (Einstieg Nr. 25). Viel Spaß!

Brohmfels
Blitzwändchen (9-): Die Bewertung bezog sich auf die Mitbenutzung eines Griffes an der Kante rechts des zweiten Hakens. Jetzt hat Steffen Remus die rechte Kante komplett weggelassen. Ergebnis: 10- !

Beitrittserklärung

für Einzelmitgliedschaft

*A*rbeits*G*emeinschaft
*K*lettern & *N*aturschutz
im *O*denwald e.V.

An die
**AG Klettern & Naturschutz
im Odenwald e.V.
Königsbacher Str. 24**

68549 Ilvesheim

Hiermit erkläre ich meinen Beitritt zur

*A*rbeits*G*emeinschaft
*K*lettern & *N*aturschutz im *O*denwald e.V.

Name: _____

Anschrift: _____

Geburtsdatum: _____ Beruf: _____

Telefon: _____ Telefax: _____

Der Jahresbeitrag von **15,00 Euro** soll mittels Lastschriftverfahren eingezogen werden (ist für uns am einfachsten).

Hierzu ermächtige ich die ArbeitsGemeinschaft Klettern & Naturschutz im Odenwald e.V. widerruflich den von mir zu entrichtenden Jahresbeitrag bei Fälligkeit zu Lasten meines Girokontos

Kto.Nr.: _____ BLZ: _____

Bank: _____

durch Lastschrift einzuziehen. Wenn mein Konto die erforderliche Deckung nicht aufweist, besteht seitens des kontoführenden Kreditinstituts keine Verpflichtung zur Einlösung.

Ort   Datum   Unterschrift